大方廣佛華嚴經

## 일러두기

1. 『대방광불화엄경 강설』 원문原文의 저본底本은 근세에 교정이 가장 잘 되었다고 정평이 나 있는 대만臺灣의 불타교육기금회佛陀教育基金會에서 출판한 『화엄경소초華嚴經疏鈔』본입니다.

2. 『대방광불화엄경 강설』은 실차난타實叉難陀가 695년부터 699년까지 4년에 걸쳐 번역해 낸 80권본卷本 『대방광불화엄경』을 우리말로 옮기고 강설을 붙인 것입니다.

3. 『대방광불화엄경』은 애초 산스크리트에서 한역漢譯된 경전이지만 현재 산스크리트본은 소실된 상태입니다. 산스크리트를 음차한 경우 굳이 원래 소리를 표기하려고 하기보다는 『표준국어대사전』이나 『불교사전』 등에 등재된 한자음을 사용하는 것을 원칙으로 하였습니다.

4. 경문의 한글 번역은 동국역경원본을 참고하여 그대로 또는 첨삭을 하며 의미대로 번역하고 다듬었습니다.

5. 각 품마다 내용에 따라 단락을 나누고 제목을 달았습니다. 단락의 제목은 주로 청량淸涼스님의 견해에 기초하였고 이통현李通玄장자의 견해를 참고로 하였습니다.

6. 『대방광불화엄경 강설』의 발행 순서는 한역 경전의 편재 순서를 기준으로 하였고 각 권은 단행본 한 권씩으로 출간될 예정이며 모두 80권으로 완간됩니다. 다만 80권본에 빠져 있는 「보현행원품」은 80권본 완역 및 강설 후 시리즈에 포함돼 추가될 예정입니다.

7. 『대방광불화엄경 강설』 안에서 불교용어를 풀이한 것은 운허스님이 저술하고 동국역경원에서 편찬한 『불교사전』을 인용하였습니다.

8. 각주의 청량스님의 소疏는 대만에서 입력한 大方廣佛華嚴經 사이트의 것을 사용하였습니다.

9. 『대방광불화엄경 강설』 입법계품에 들어가는 문수지남도는 북송北宋시대 불국佛國선사가 선재동자가 53명의 선지식을 친견하여 법을 구하는 장면을 하나하나 그림으로 그린 것입니다.

# 대방광불화엄경 강설
# 제 20 권

## 二十一. 십행품十行品 2

실차난타實叉難陀 한역
무비스님 강설

# 서문

　불법佛法을 수행하여 궁극의 경지에 이르는 것을 화엄경에서는 네 가지로 설하기도 합니다. 즉 믿음[信]과 이해[解]와 실천[行]과 증득[證]입니다. 또는 십신十信과 십주十住와 십행十行과 십회향十廻向과 십지十地와 등각等覺과 묘각妙覺으로 자세히 나열하기도 합니다.

　그러나 한편 처음 불법에 대하여 마음을 일으킬 때 이미 궁극의 경지인 정각을 이룬 상태라고도 합니다.

　불법 수행이란 그 어떤 일도 사람에서 출발하여 사람에게 이르는 일입니다. 그래서 처음도 사람이요, 중간도 사람이요, 끝도 사람입니다. 그 사람은 누구와도 차별이 없는 만인동등의 참사람[無位眞人]입니다. 누구와도 차별이 없는 자리에서 차별을 펼쳐 놓으니 52위의 계제階梯가 있게 되었습니다. 그래서 하나의 사람이 곧 52위요, 52위가 곧 하나의 사람입니다.

즉 차별이 없는 가운데 차별이 있으며, 차별이 있는 가운데 차별이 없습니다. 원융문圓融門과 항포문行布門의 관계입니다. 원융문에서 보면 누구나 하나의 사람이요, 항포문에서 보면 52위와 천차만별의 차별이 있습니다. 이것이 사람의 일입니다.

열 가지 수행[十行]이란 열 가지 머무름[十住]과 열 가지 회향[十廻向]과 열 가지 경지[十地]에서와 같이 열 가지 바라밀을 주主바라밀과 조助바라밀에 따라 낱낱이 실천하며 증득해 가는 길입니다. 마치 대나무 그림자가 뜰을 쓸 듯이 하며, 허공을 나는 새가 그 흔적 없듯이 합니다.

차별 없는 참사람에서 차별 없는 참사람에 이르는 수행에 무슨 먼지가 일 것이며 무슨 자취가 남겠습니까. 박지범부薄地凡夫도 참사람이요, 등각 묘각도 참사람인 것을. 그렇게 수행하고 그렇게 공부하는 것이 아름다운 보살행의 꽃으로 세상을 장엄하는 화엄華嚴일 것입니다.

2015년 1월 15일
신라 화엄종찰 금정산 범어사

**如天 無比**

# 대방광불화엄경 목차

| | | | |
|---|---|---|---|
| 제1권 | 1. 세주묘엄품世主妙嚴品 [1] | 제18권 | 18. 명법품明法品 |
| 제2권 | 1. 세주묘엄품世主妙嚴品 [2] | 제19권 | 19. 승야마천궁품昇夜摩天宮品 |
| 제3권 | 1. 세주묘엄품世主妙嚴品 [3] | | 20. 야마천궁게찬품夜摩天宮偈讚品 |
| 제4권 | 1. 세주묘엄품世主妙嚴品 [4] | | 21. 십행품十行品 [1] |
| 제5권 | 1. 세주묘엄품世主妙嚴品 [5] | **제20권** | **21. 십행품十行品 [2]** |
| 제6권 | 2. 여래현상품如來現相品 | 제21권 | 22. 십무진장품十無盡藏品 |
| 제7권 | 3. 보현삼매품普賢三昧品 | 제22권 | 23. 승도솔천궁품昇兜率天宮品 |
| | 4. 세계성취품世界成就品 | 제23권 | 24. 도솔궁중게찬품兜率宮中偈讚品 |
| 제8권 | 5. 화장세계품華藏世界品 [1] | | 25. 십회향품十廻向品 [1] |
| 제9권 | 5. 화장세계품華藏世界品 [2] | 제24권 | 25. 십회향품十廻向品 [2] |
| 제10권 | 5. 화장세계품華藏世界品 [3] | 제25권 | 25. 십회향품十廻向品 [3] |
| 제11권 | 6. 비로자나품毘盧遮那品 | 제26권 | 25. 십회향품十廻向品 [4] |
| 제12권 | 7. 여래명호품如來名號品 | 제27권 | 25. 십회향품十廻向品 [5] |
| | 8. 사성제품四聖諦品 | 제28권 | 25. 십회향품十廻向品 [6] |
| 제13권 | 9. 광명각품光明覺品 | 제29권 | 25. 십회향품十廻向品 [7] |
| | 10. 보살문명품菩薩問明品 | 제30권 | 25. 십회향품十廻向品 [8] |
| 제14권 | 11. 정행품淨行品 | 제31권 | 25. 십회향품十廻向品 [9] |
| | 12. 현수품賢首品 [1] | 제32권 | 25. 십회향품十廻向品 [10] |
| 제15권 | 12. 현수품賢首品 [2] | 제33권 | 25. 십회향품十廻向品 [11] |
| 제16권 | 13. 승수미산정품昇須彌山頂品 | 제34권 | 26. 십지품十地品 [1] |
| | 14. 수미정상게찬품須彌頂上偈讚品 | 제35권 | 26. 십지품十地品 [2] |
| | 15. 십주품十住品 | 제36권 | 26. 십지품十地品 [3] |
| 제17권 | 16. 범행품梵行品 | 제37권 | 26. 십지품十地品 [4] |
| | 17. 초발심공덕품初發心功德品 | 제38권 | 26. 십지품十地品 [5] |

| | | |
|---|---|---|
| 제39권 | 26. 십지품 十地品 [6] | |
| 제40권 | 27. 십정품 十定品 [1] | |
| 제41권 | 27. 십정품 十定品 [2] | |
| 제42권 | 27. 십정품 十定品 [3] | |
| 제43권 | 27. 십정품 十定品 [4] | |
| 제44권 | 28. 십통품 十通品 | |
| | 29. 십인품 十忍品 | |
| 제45권 | 30. 아승지품 阿僧祇品 | |
| | 31. 여래수량품 如來壽量品 | |
| | 32. 보살주처품 菩薩住處品 | |
| 제46권 | 33. 불부사의법품 佛不思議法品 [1] | |
| 제47권 | 33. 불부사의법품 佛不思議法品 [2] | |
| 제48권 | 34. 여래십신상해품 如來十身相海品 | |
| | 35. 여래수호광명공덕품 如來隨好光明功德品 | |
| 제49권 | 36. 보현행품 普賢行品 | |
| 제50권 | 37. 여래출현품 如來出現品 [1] | |
| 제51권 | 37. 여래출현품 如來出現品 [2] | |
| 제52권 | 37. 여래출현품 如來出現品 [3] | |
| 제53권 | 38. 이세간품 離世間品 [1] | |
| 제54권 | 38. 이세간품 離世間品 [2] | |
| 제55권 | 38. 이세간품 離世間品 [3] | |
| 제56권 | 38. 이세간품 離世間品 [4] | |
| 제57권 | 38. 이세간품 離世間品 [5] | |
| 제58권 | 38. 이세간품 離世間品 [6] | |
| 제59권 | 38. 이세간품 離世間品 [7] | |
| 제60권 | 39. 입법계품 入法界品 [1] | |
| 제61권 | 39. 입법계품 入法界品 [2] | |
| 제62권 | 39. 입법계품 入法界品 [3] | |
| 제63권 | 39. 입법계품 入法界品 [4] | |
| 제64권 | 39. 입법계품 入法界品 [5] | |
| 제65권 | 39. 입법계품 入法界品 [6] | |
| 제66권 | 39. 입법계품 入法界品 [7] | |
| 제67권 | 39. 입법계품 入法界品 [8] | |
| 제68권 | 39. 입법계품 入法界品 [9] | |
| 제69권 | 39. 입법계품 入法界品 [10] | |
| 제70권 | 39. 입법계품 入法界品 [11] | |
| 제71권 | 39. 입법계품 入法界品 [12] | |
| 제72권 | 39. 입법계품 入法界品 [13] | |
| 제73권 | 39. 입법계품 入法界品 [14] | |
| 제74권 | 39. 입법계품 入法界品 [15] | |
| 제75권 | 39. 입법계품 入法界品 [16] | |
| 제76권 | 39. 입법계품 入法界品 [17] | |
| 제77권 | 39. 입법계품 入法界品 [18] | |
| 제78권 | 39. 입법계품 入法界品 [19] | |
| 제79권 | 39. 입법계품 入法界品 [20] | |
| 제80권 | 39. 입법계품 入法界品 [21] | |
| 제81권 | 40. 보현행원품 普賢行願品 | |

# 대방광불화엄경 강설 제20권

## 二十一. 십행품十行品 2

## 3. 공덕림보살의 열 가지 보살행

### 9) 제7 무착행 ············································· 14
  (1) 세계를 장엄하나 마음에 집착이 없다 ····················· 14
  (2) 부처님께 공양하지만 마음에 집착이 없다 ············· 15
  (3) 불법 가운데는 더러움도 없고 깨끗함도 없다 ········ 18
  (4) 온갖 만행을 닦더라도 집착이 없다 ······················ 21
  (5) 집착이 없으므로 얻는 이익 ································ 23
  (6) 집착이 없으므로 남을 이롭게 하다 ······················ 25
  (7) 큰 자비심으로 중생을 구제하다 ·························· 27
  (8) 집착이 없음을 널리 나타내다 ····························· 29
  (9) 집착이 없는 까닭 ·············································· 31
  (10) 집착이 없는 행의 광대함 ································· 32
  (11) 집착이 없는 행의 만족함 ································· 33

### 10) 제8 난득행 ··········································· 37
  (1) 열 가지 선근의 성취 ········································· 37

(2) 선근을 닦아 이익을 얻다 ·············· 39
(3) 얻기 어려운 행을 이룬 이익 ············ 41
(4) 중생 제도함을 비유로 나타내다 ·········· 42
(5) 비유와 법을 합하여 나타내다 ············ 44
(6) 까닭을 나타내다 ····················· 46
(7) 고요하고 움직임이 걸림이 없다 ·········· 47
(8) 비유로써 밝히다 ····················· 50
(9) 두 가지 행을 모두 버리다 ·············· 51
(10) 더 수승한 행에 나아가다 ·············· 52
(11) 고정된 법이 없다 ··················· 56
(12) 비유와 법을 합하여 밝히다 ············ 57
(13) 자비행을 말하다 ···················· 61
(14) 보살의 법 ························· 65

11) 제9 선법행 ······························ 66
 (1) 부처님 종성이 끊어지지 않게 하다 ········ 66
 (2) 열 가지 다라니를 얻다 ················ 68
 (3) 삼업으로 중생을 이롭게 하다 ············ 74
 (4) 법을 앎이 깊고 수승함 ················ 75
 (5) 법을 앎이 더욱 미세함 ················ 77
 (6) 법을 앎이 두루 하여 동시임을 나타내다 ····· 79
 (7) 모든 삼천대천세계에서 불사를 짓다 ········ 81

(8) 보살이 열 가지 몸을 성취하다 ················· 83
　　(9) 열 가지 몸을 성취한 목적 ··················· 86
　　(10) 일체 중생을 위하여 청량한 법의 연못이 된다 ········ 88
　12) 제10 진실행 ···························· 89
　　(1) 말과 같이 행한다 ························ 89
　　(2) 진실한 행의 행상 ························ 90
　　(3) 열 가지 지혜의 성취 ······················ 91
　　(4) 중생을 먼저 제도한다 ····················· 98
　　(5) 보살의 본래의 서원 ····················· 102
　　(6) 부처님의 종성에 들어가다 ·················· 104
　　(7) 삼세제불의 진실한 말을 배우다 ················ 107
　　(8) 십행법문을 맺고 이익을 얻다 ················· 109


## 4. 상서를 나타내어 증명하다

　1) 6종 18상의 진동과 하늘 공양 ··················· 111
　2) 다른 야마천궁에서도 그와 같았다 ·················· 114
　3) 십만 세계 미진수 보살들의 찬탄 ·················· 115

## 5. 게송을 설하여 거듭 밝히다

1) 게송을 설하는 까닭 ················· 119
2) 부처님께 귀의하여 예경하다 ················· 122
3) 삼세의 부처님께 배워 수행하다 ················· 124
4) 수행의 근본을 말하다 ················· 127
5) 제1 환희행을 말하다 ················· 133
　(1) 재물의 보시 ················· 133
　(2) 두려움 없는 보시 ················· 135
　(3) 법의 보시 ················· 136
　(4) 인과가 원만하다 ················· 138
6) 제2 요익행을 말하다 ················· 139
　(1) 율의를 섭하는 계 ················· 139
　(2) 착한 법을 섭하는 계 ················· 140
　(3) 중생을 이익하게 하는 계 ················· 142
　(4) 세 가지의 계를 맺다 ················· 142
7) 제3 무위역행을 말하다 ················· 143
8) 제4 무굴요행을 말하다 ················· 147
9) 제5 이치란행을 말하다 ················· 151
10) 제6 선현행을 말하다 ················· 153
11) 제7 무착행을 말하다 ················· 156

12) 제8 난득행을 말하다 ········································ 159
　(1) 자신 수행의 원 ········································ 159
　(2) 신통을 일으키는 원 ···································· 160
　(3) 밖으로 교화하는 원 ···································· 164
　(4) 보리를 구하는 원 ······································ 165
　(5) 중생을 성숙시키는 원 ································· 166
13) 제9 선법행을 말하다 ······································ 167
14) 제10 진실행을 말하다 ···································· 173
　(1) 열 가지의 힘을 얻다 ·································· 173
　(2) 변재가 무궁하다 ······································· 175
　(3) 부처님 선근과 같다 ··································· 178
　(4) 부처님의 종성에 들어가다 ··························· 183
　(5) 부처님 자비의 종성에 들어가다 ···················· 186
　(6) 부처님 지혜의 종성에 들어가다 ···················· 189
　(7) 부처님의 진실한 말을 배우다 ······················· 193
　(8) 중생을 이익하게 함이 헛되지 않다 ················ 210
　(9) 십행법문의 깊고 넓음을 찬탄하다 ·················· 212

# 대방광불화엄경 강설
제20권

二十一. 십행품 2

# 3. 공덕림보살의 열 가지 보살행

### 9) 제7 무착행無着行

(1) 세계를 장엄하나 마음에 집착이 없다

佛子야 何等이 爲菩薩摩訶薩의 無着行고 佛子야
此菩薩이 以無着心으로 於念念中에 能入阿僧祇
世界하야 嚴淨阿僧祇世界호대 於諸世界에 心無
所着이니라

"불자여, 무엇이 보살마하살의 무착행無着行인가. 불자여, 이 보살이 집착이 없는 마음으로 순간순간에 아승지 세계에 능히 들어가서 아승지 세계를 청정하게 장엄하되 그 모든 세계에 마음이 집착한 바가 없느니라."

십행법문 중 제7행이 무착행이다. 무착행에서는 방편바라밀을 주主바라밀로 하고 나머지 9바라밀을 조助바라밀로 수행한다. 불교의 많은 말 가운데 가을날 비 갠 뒤와 같은 청량감을 주는 말이 곧 무집착無執着, 무착無着, 집착을 내려놓는다는 방하착放下着이다.

우리가 사는 이 지구의 몇 천 배나 많은 세계를 내가 모두 살기 좋은 세계로 만들고, 맑고 향기로운 세계, 정직하고 선량한 세계로 만들었다 하더라도 그 세계에 대한 마음의 집착이 없다. 겨우 몇 천만 명이 사는 작은 나라를 약간의 더 좋은 나라로 만들었다 하더라도 보살이 그것에 집착할 것인가. 일개 사찰에 시주하여 불사를 좀 했다고 보살이 그 사찰에 집착할 것인가.

### (2) 부처님께 공양하지만 마음에 집착이 없다

왕 예 아 승 지 제 여 래 소　　공 경 예 배　　승 사
**往詣阿僧祇諸如來所**하야 **恭敬禮拜**하며 **承事**

공 양　　이 아 승 지 화　　아 승 지 향　　아 승 지 만
**供養**호대 **以阿僧祇華**와 **阿僧祇香**과 **阿僧祇鬘**과

<sup>아승지도향말향</sup> <sup>의복진보</sup> <sup>당번묘개제장</sup>
**阿僧祇塗香末香**과 **衣服珍寶**와 **幢幡妙蓋諸莊**
<sup>엄구</sup> <sup>각아승지</sup> <sup>이용공양</sup> <sup>여시공양</sup> <sup>위</sup>
**嚴具**의 **各阿僧祇**로 **以用供養**하나니 **如是供養**은 **爲**
<sup>구경무작법고</sup> <sup>위주부사의법고</sup>
**究竟無作法故**며 **爲住不思議法故**니라

 "아승지 여래가 계신 데 나아가 공경하고 예배하고 받들어 섬기고 공양하되, 아승지 꽃과 아승지 향과 아승지 화만과 아승지 바르는 향과 가루향이며, 의복과 보배와 당기와 깃발과 일산과 모든 장엄거리를 각각 아승지로써 공양하느니라. 이와 같이 공양하는 것은 끝내 지음이 없는 법이며 불가사의에 머무는 법인 까닭이니라."

 부처님께 공양하고 보살에게 공양하고 사람들에게 공양하고 일체 생명에게 공양한다. 공양만 하지 않고 공경하고 예배하며 받들어 섬긴다. 무량무수 부처님과 무량무수 보살님과 무량무수 사람들과 무량무수 생명에게 무량무수 공양거리로 무량무수 세월 동안 공양 공경 존중 찬탄하더라도 끝내 지음이 없는 법이며 불가사의에 머무는 법인 까닭에 마음에는 일체 집착이 없다. 아무리 지어도 지음이 없는 법, 이 얼마나 뛰어난 법인가.

於念念中에 見無數佛호대 於諸佛所에 心無所着하며 於諸佛刹에 亦無所着하며 於佛相好에 亦無所着하며 見佛光明하고 聽佛說法에 亦無所着하며 於十方世界와 及佛菩薩所有衆會에 亦無所着하며 聽佛法已하고 心生歡喜하야 志力廣大하야 能攝能行諸菩薩行호대 然於佛法에 亦無所着이니라

"잠깐잠깐 동안 수없는 부처님을 친견하되 모든 부처님에게 집착하는 마음이 없으며, 모든 부처님 세계에도 집착이 없고, 부처님의 잘생긴 몸매에도 집착이 없고, 부처님의 광명을 보고 부처님의 법문을 듣는 데도

또한 집착이 없느니라. 시방세계와 부처님과 보살과 모인 대중에게도 또한 집착이 없느니라. 불법을 듣고는 환희한 마음을 내고 뜻과 힘이 광대하여, 모든 보살의 행을 능히 섭수하여 능히 행하면서도 부처님 법에 또한 집착함이 없느니라."

무수한 부처님을 친견하고, 부처님의 32상과 80종호가 훌륭하고, 부처님의 설법과 광명이 아무리 훌륭하더라도 그것에 집착하면 그는 부처님을 친견한 것이 못 되며, 부처님의 설법을 들은 것이 못 되며, 부처님의 광명을 본 것이 못 된다. 불법의 세계에 무슨 집착이 있겠는가. 설사 설법을 듣고 환희심이 충만하며 뜻과 힘이 광대하여 모든 보살행을 실천하더라도 불법에 집착하는 바가 있어서는 안 된다. 집착이 있는 것은 불법이 아니기 때문이다.


### (3) 불법 가운데는 더러움도 없고 깨끗함도 없다

차 보 살   어 불 가 설 겁   견 불 가 설 불   출 흥 어
**此菩薩**이 **於不可說劫**에 **見不可說佛**이 **出興於**

世하고 一一佛所에 承事供養을 皆悉盡於不可說
劫호대 心無厭足하야 見佛聞法과 及見菩薩衆會莊
嚴에 皆無所着하며 見不淨世界호대 亦無憎惡하나니
何以故오 此菩薩이 如諸佛法而觀察故니라

"이 보살이 말할 수 없는 겁에 말할 수 없는 부처님이 세상에 출현하심을 보고, 낱낱 부처님 계신 데서 섬기고 공양하기를 말할 수 없는 겁이 다하도록 하여도 마음에 싫증이 없느니라. 부처님을 뵈옵고 법을 듣고 보살과 모인 대중의 장엄을 보더라도 다 집착함이 없느니라. 부정한 세계를 보고도 또한 미워하는 생각이 없나니, 무슨 까닭인가. 이 보살이 부처님 법과 같이 관찰하는 연고이니라."

불법에 귀의하면 무수한 부처님을 친견하게 되며, 무수한 부처님을 공양하여 섬기게 되며, 무수한 법문을 듣게 되며, 훌륭한 대중들의 장엄을 보게 된다. 또는 그와는 반대로 온갖 부정적인 모습도 보게 되고 여법하지 못한 사건들도 겪게 된다. 그러나 좋은 일에나 나쁜 일에나 일체 집착이 없어야 한다. 일체를 실상과 같이 보기 때문이다.

諸佛法中에 無垢無淨하며 無闇無明하며 無異
無一하며 無實無妄하며 無安隱無險難하며 無正道
無邪道니라

"불법 가운데는 더러움도 없고 깨끗함도 없고, 어둠도 없고 밝음도 없고, 다름도 없고 하나도 없고, 진실함도 없고 허망함도 없고, 편안함도 없고 험난함도 없고, 바른 길도 없고 삿된 길도 없느니라."

온갖 훌륭한 불사를 짓되 불법 중에는 그 실상을 꿰뚫어 관찰하면 더러움도 없고 깨끗함도 없고, 어둠도 없고 밝음도 없고, 다름도 없고 하나도 없고, 진실함도 없고 허망함도 없고, 편안함도 없고 험난함도 없고, 바른 길도 없고 삿된 길도 없다. 이와 같이 관찰하면 그것은 올바른 관찰이요, 이와 다르게 관찰하면 그것은 삿된 관찰이다.


### (4) 온갖 만행萬行을 닦더라도 집착이 없다

菩薩이 如是深入法界하야 敎化衆生호대 而於衆生에 不生執着하며 受持諸法호대 而於諸法에 不生執着하며 發菩提心하야 住於佛住호대 而於佛住에 不生執着하며 雖有言說이나 而於言說에 心無所着하며

"보살이 이와 같이 법계에 깊이 들어가 중생을 교화하되 중생에게 집착을 내지 않고, 모든 법을 받아 지니되 모든 법에 집착을 내지 않고, 보리심을 내어 부처님 머무시는 데 머물되 부처님 머무시는 데 집착을 내지 않고, 비록 말을 하나 말에도 집착함이 없느니라."

불교에는 만행萬行이라는 좋은 말이 있다. 자신의 수행을 위해서 온갖 난행과 고행을 다하며, 중생을 교화하기 위해서 진리의 세계에 깊이 들어가며, 온갖 법을 다 배워 가지며, 보리심을 발하여 불법 안에 머무는 일이다. 이것이 만행이다. 그러나 보살의 일체 만행에 무슨 집착이 있겠는가. 만약 집착이 있으면 그것은 만행이 아니다.

入衆生趣호대 於衆生趣에 心無所着하며 了知三昧하야 能入能住호대 而於三昧에 心無所着하며 往詣無量諸佛國土하야 若入若見하고 若於中住호대 而於佛土에 心無所着하며 捨去之時에 亦無顧戀하나니라

"중생의 갈래에 들어가되 중생의 갈래에 마음이 집착함이 없고, 삼매를 알아서 능히 들어가고 능히 머무

르되 삼매에 마음이 집착함이 없고, 한량없는 부처님 국토에 나아가서 들어가기도 하고 보기도 하고 그 가운데 머물기도 하되 부처님 국토에 마음이 집착함이 없고, 버리고 갈 적에도 또한 돌아보거나 그리워하지 아니하느니라."

아무리 바라고 그리워하던 환경을 만나더라도 마치 관광객처럼, 관광을 할 때에는 마음껏 느끼며 감상에 젖어도 관광이 끝나면 아무런 미련 없이 떠나오듯이 돌아보거나 그리워하지 않는다. 모든 삶의 경계에서 그와 같이만 산다면 무엇이 인생에 장애가 되겠는가. 구름을 벗어난 달처럼 집착 없는 보살의 삶이 되리라.

(5) 집착이 없으므로 얻는 이익

보 살 마 하 살   이 능 여 시 무 소 착 고   어 불 법
菩薩摩訶薩이 以能如是無所着故로 於佛法

중   심 무 장 애   요 불 보 리   증 법 비 니   주
中에 心無障礙하야 了佛菩提하며 證法毘尼하며 住

佛正敎<sub>하며</sub> 修菩薩行<sub>하며</sub> 住菩薩心<sub>하며</sub> 思惟菩薩
解脫之法<sub>하며</sub> 於菩薩住處<sub>에</sub> 心無所染<sub>하며</sub> 於菩薩
所行<sub>에</sub> 亦無所着<sub>하며</sub> 淨菩薩道<sub>하며</sub> 受菩薩記<sub>하느니라</sub>

"보살마하살이 능히 이와 같이 집착함이 없는 연고로 불법 가운데 마음이 장애가 없느니라. 부처님의 보리를 알고 법과 계율을 증득하고 부처님의 바른 가르침에 머무르며, 보살의 행을 닦고 보살의 마음에 머물고, 보살의 해탈법을 생각하면서도 보살의 머무는 곳에 마음이 물들지 아니하느니라. 보살의 행하는 데에 또한 집착함이 없이 보살의 도를 청정케 하여 보살의 수기를 받느니라."

보살의 삶의 전반적인 것을 밝혔다. 그 어떤 훌륭한 불법을 수행하더라도 결코 집착하는 바가 없다. 이와 같은 보살의 훌륭한 수행 생활에 만약 조금이라도 집착이 있다면 그것은 곧 옥에 티가 될 것이다.

### (6) 집착이 없으므로 남을 이롭게 하다

得受記已<sub>에</sub> 作如是念<sub>호대</sub> 凡夫愚癡<sub>하야</sub> 無知
無見<sub>하며</sub> 無信無解<sub>하며</sub> 無聰敏行<sub>일새</sub> 頑嚚貪着<sub>하야</sub>
流轉生死<sub>하야</sub> 不求見佛<sub>하며</sub> 不隨明導<sub>하며</sub> 不信調
御<sub>하고</sub> 迷謬失錯<sub>하야</sub> 入於險道<sub>하며</sub>

"수기를 받고는 이렇게 생각하나니, '범부가 우치하여 알지 못하고 보지 못하며 신심이 없고 이해가 없고 총명하고 민첩한 행이 없으며, 완고하고 어리석어 생사에 헤매면서 부처님 뵙기를 구하지 않고, 밝은 지도를 따르지 않고, 옳게 인도함을 믿지 않으므로 아득하고 잘못되어 험난한 길에 들어가느니라.'"

보살은 범부들의 어리석은 삶을 생각하여 그러한 경지에서 벗어나게 한다. 그래서 중생들의 옳지 못한 경우들을 하나하나 생각하고 열거하였다.

불경십력왕     부지보살은       연착주처
**不敬十力王**하고 **不知菩薩恩**하야 **戀着住處**하며

문제법공     심대경포       원리정법     주어사
**聞諸法空**하고 **心大驚怖**하며 **遠離正法**하고 **住於邪**

법       사이탄도       입험난도       기배불의       수
**法**하며 **捨夷坦道**하고 **入險難道**하며 **棄背佛意**하고 **隨**

축마의       어제유중       견집불사           보살   여
**逐魔意**하야 **於諸有中**에 **堅執不捨**로다하야 **菩薩**이 **如**

시관제중생         증장대비       생제선근       이무
**是觀諸衆生**하고 **增長大悲**하야 **生諸善根**호대 **而無**

소착
**所着**이니라

 "'열 가지 힘을 가지신 이를 공경하지 않고, 보살의 은혜를 알지 못하며, 머무른 곳에만 탐착하여 모든 법이 공하다 함을 듣고는 마음에 크게 공포한 마음을 내며, 바른 법을 멀리 떠나고 삿된 법에 머물며, 평탄한 길을 버리고 험난한 길에 들어가 부처님 뜻을 등지고, 마군의 뜻을 따르면서 모든 있는 데서 굳게 집착하고 버리지 못하는구나.'라고 하느니라. 보살이 이렇게 중생을 관찰하고 대비심을 증장하여 모든 선근을 내면서

도 집착하지 않느니라."

　보살이 어리석은 중생들의 옳지 못한 생활들을 낱낱이 생각하여 깊이 관찰하고 큰 자비심을 발하여 중생 교화의 선근을 내더라도 결코 집착하지 않음을 설하였다. 특히 "머무른 곳에만 탐착하여 모든 법이 공하다 함을 듣고는 마음에 크게 공포한 마음을 내며, 바른 법을 멀리 떠나고 삿된 법에 머문다."는 지적은 마음에 새겨 두어야 할 가르침이다.


### (7) 큰 자비심으로 중생을 구제하다

菩薩이 爾時에 復作是念호대 我當爲一衆生하야
보살　이시　부작시념　　아당위일중생

於十方世界一一國土에 經不可說不可說劫토록
어시방세계일일국토　경불가설불가설겁

敎化成熟하고 如爲一衆生하야 爲一切衆生도 皆亦
교화성숙　　여위일중생　　위일체중생　　개역

如是호대 終不以此로 而生疲厭하야 捨而餘去라하며
여시　　종불이차　　이생피염　　사이여거

"보살이 그때에 또 생각하기를 '내가 마땅히 한 중생을 위하여 시방세계의 낱낱 국토에서 말할 수 없이 말할 수 없는 겁을 지내면서 교화하여 성숙케 할 것이며, 한 중생을 위하는 것과 같이 모든 중생을 위하여서도 그와 같이 할 것이요, 마침내 이것으로써 싫거나 고달픈 마음을 내어 그냥 버려두고 다른 데 가지 아니할 것이니라.'"

보살은 또 이러한 생각을 한다. '한 중생을 교화하기 위하여 시방세계의 낱낱 국토에서 무수한 겁을 지낼 것이다. 또한 모든 중생을 교화하기 위하여 낱낱이 그와 같이 하더라도 싫어하거나 고달픈 마음을 내지 않는다.' 보살의 큰 서원이 얼마나 위대한가. 이밖에 달리 더 설명할 방법이 없다.

又以毛端으로 徧量法界하야 於一毛端處에 盡
우 이 모 단　　　변 량 법 계　　　어 일 모 단 처　　진

不可說不可說劫토록 敎化調伏一切衆生하고 如
불 가 설 불 가 설 겁　　　교 화 조 복 일 체 중 생　　여

일 모 단 처　　일 일 모 단 처　　개 역 여 시
一毛端處하야 一一毛端處에 皆亦如是하니라

"'또 털끝으로 법계를 두루 재면서 한 털끝만 한 곳에서 말할 수 없이 말할 수 없는 겁이 다하도록 일체 중생을 교화하고 조복하며, 한 털끝만 한 곳에서와 같이 낱낱 털끝만 한 곳에서도 그와 같이 하리라.' 하느니라."

예컨대 보살은 한 털끝, 즉 한 작은 마을에서 무량무수 겁토록 일체 중생을 교화·조복하고, 또 그와 같이 이 세상 모든 마을마다 다 또한 무량무수 겁토록 일체 중생을 교화·조복하리라고 서원을 세운다.

### (8) 집착이 없음을 널리 나타내다

내 지 불 어 일 탄 지 경　집 착 어 아　　기 아 아 소
乃至不於一彈指頃도 執着於我하야 起我我所

상　　어 일 일 모 단 처　진 미 래 겁　　수 보 살 행
想하며 於一一毛端處에 盡未來劫토록 修菩薩行호대

불 착 신　　불 착 법　　불 착 념　　불 착 원　　불 착
不着身하며 不着法하며 不着念하며 不着願하며 不着

三昧하며 不着觀察하며 不着寂定하며 不着境界하며 不着敎化調伏衆生하며 亦復不着入於法界하나니라

"내지 손가락 한 번 튕길 동안이라도 '나'라는 데 집착하여 '나'라는 생각과 '내 것'이란 생각을 일으키지 아니하며, 낱낱 털끝만 한 곳에서마다 오는 세월이 끝나도록 보살의 행을 닦아도 몸에 집착하지 않고, 법에 집착하지 않고, 생각에 집착하지 않고, 소원에 집착하지 않고, 삼매에 집착하지 않고, 관찰에 집착하지 않고, 고요한 선정에 집착하지 않고, 경계에 집착하지 않고, 중생을 교화하여 조복하는 데 집착하지 않으며, 또한 다시 법계에 들어가는 데도 집착하지 않느니라."

예컨대 보살은 1초 동안이라도 나 자신에게 집착하지 않고 나와 내 것이란 생각을 일으키지 않는다. 또한 작은 낱낱 마을마다 미래겁이 다하도록 보살행을 행하는데 몸과 기타 일체에 집착하지 않음을 밝혔다.

(9) 집착이 없는 까닭

何以故오 菩薩이 作是念호대 我應觀一切法界가
如幻하며 諸佛이 如影하며 菩薩行이 如夢하며 佛說
法이 如響하며 一切世間이 如化하야 業報所持故며
差別身이 如幻하야 行力所起故며 一切衆生이 如
心하야 種種雜染故며 一切法이 如實際하야 不可變
異故라하나니라

 "무슨 연고인가. 보살이 생각하기를 '내가 마땅히 일체 법계가 환술과 같은 줄 관觀하며, 모든 부처님이 그림자 같고, 보살의 행이 꿈과 같고, 부처님의 법을 말함이 메아리 같은 줄 관하며, 일체 세간이 화현과 같으니 업보로 유지되는 연고며, 차별한 몸이 요술과 같아서 작용하는 힘의 일어난 연고며, 일체 중생이 마음과 같아서 갖가지로 물든 연고며, 일체 법이 실제實際와 같아서 변할 수 없는 연고임을 관하라.' 하느니라."

보살이 중생을 교화하고 조복하는 등의 어떤 불사를 짓더라도 집착하지 아니하는 까닭은 일체 법계가 환술과 같다고 관찰하기 때문이다. 부처님은 그림자와 같고 보살은 꿈과 같고 부처님의 설법은 메아리와 같다고 관찰하기 때문이다. 일체가 이와 같거늘 무엇에 집착하겠는가. 끝으로 "일체 법이 실제實際와 같아서 변할 수 없는 연고임을 관한다."는 것은 일체 법은 본래부터 여여부동이며 제법은 본래로 항상 스스로 적멸한 모습이라는 뜻이다. 무슨 변화를 기대하며 또 무슨 집착을 하겠는가.

(10) 집착이 없는 행의 광대함

又作是念<sub>호대</sub> 我當盡虛空徧法界<sub>하야</sub> 於十方國土中<sub>에</sub> 行菩薩行<sub>호대</sub> 念念明達一切佛法<sub>하야</sub>

正念現前<sub>하야</sub> 無所取着<sub>이라하나니라</sub>

"또 생각하기를 '내가 마땅히 온 허공 법계에 두루한 시방의 국토에서 보살의 행을 행하여, 생각마다 일체 불법을 분명히 통달하고 바른 생각이 앞에 나타나서 집착이 없으리라.' 하느니라."

보살은 또 이런 생각을 한다. '일체 불법을 분명히 통달하고 바른 생각이 앞에 나타나서 집착이 없다.'는 것이다. 불법을 분명하게 통달하고 바른 생각[正念]이 앞에 나타났는데 무슨 집착이 있겠는가. 일체 집착이란 제법의 실상을 모르고 생각이 오염되었을 때 나타나는 번뇌의 작용이다.

### (11) 집착이 없는 행의 만족함

菩薩<sub>이</sub> 如是觀身無我<sub>하며</sub> 見佛無礙<sub>하고</sub> 爲化衆生<sub>하야</sub> 演說諸法<sub>하야</sub> 令於佛法<sub>에</sub> 發生無量歡

喜淨信ᄒᆞ야 救護一切호대 心無疲厭이니라 無疲厭
故로 於一切世界에 若有衆生이 未成就未調伏處
어든 悉詣於彼ᄒᆞ야 方便化度호대

"보살이 이와 같이 몸이 '나'라고 할 것이 없음을 관하고 부처님 보기를 걸림 없이 하며, 중생을 교화하려고 모든 법을 연설하여 그로 하여금 부처님 법에 한량없는 즐거움과 청정한 신심을 내게 하며, 모든 이들을 구호하되 마음에 고달프거나 싫은 생각이 없느니라. 고달프거나 싫은 생각이 없으므로 일체 세계에서 만약 중생이 성취하지 못하였거나 조복하지 못한 데가 있으면, 그곳에 나아가 방편으로 교화하여 제도하느니라."

보살은 먼저 자신에 대해서 '나'라고 할 것이 없음에 대해 철저한 관찰이 이루어져야 한다. 소위 무아無我를 체득해야 한다. 무아를 깨닫지 못하면 보살행을 할 수가 없다. 무아를 깨닫지 못한 사람은 중생을 제도하고 교화해도 곧 피

로하거나 싫증을 낸다. 자기 자신에게 집착을 하기 때문이다. 제법무아의 이치는 불교의 기본이면서 보살행의 원동력이 된다.

其中衆生의 種種音聲과 種種諸業과 種種取着과
種種施設과 種種和合과 種種流轉과 種種所作과
種種境界와 種種生과 種種歿에 以大誓願으로 安住其中하야 而教化之하고

"그 가운데 중생이 갖가지 음성과 갖가지 업과 갖가지 집착과 갖가지 시설施設과 갖가지 화합이며, 갖가지로 헤매고 갖가지 업을 짓고 갖가지 경계와 갖가지로 태어나고 갖가지로 죽는 것들을 큰 서원으로 그 가운데 편안히 있어서 교화하느니라."

보살은 일체 세계에서 만약 중생이 성취하지 못하였거나

조복하지 못한 데가 있으면 그곳에 나아가 방편으로 교화하여 제도하는데 중생들의 음성, 업, 집착, 시설, 화합, 유전, 짓는 바 등등 일체 경계에 안주하여 그 상황에 맞게 교화한다.

不令其心<sub>으로</sub> 有動有退<sub>하며</sub> 亦不一念<sub>도</sub> 生染着想<sub>하나니</sub> 何以故<sub>오</sub> 得無所着無所依故<sub>로</sub> 自利利他<sub>가</sub> 淸淨滿足<sub>이니</sub> 是名菩薩摩訶薩<sub>의</sub> 第七無着行<sub>이니라</sub>

"그 마음이 변동하거나 퇴전치 않게 하며, 잠깐이라도 물들고 집착하는 생각을 내지 아니하느니라. 무슨 까닭인가. 집착이 없고 의지한 데가 없으므로 자기를 이롭게 하고 다른 이를 이롭게 함이 청정하고 만족함이니, 이것이 이름이 보살마하살의 제7 무착행無着行이니라."

집착이 없는 무착행을 장황하게 여러 가지 경우에 맞춰서 설명하였다. 불교의 신행이나 세상사에 있어서 집착이 없는 행위는 자신도 이롭고 타인도 이롭다. 무엇을 하든 집착이 있으면 훌륭한 일, 이로운 일을 했으나 결국에는 훌륭한 일이 못 되며 이로운 일도 못 된다. 자신을 보호하기 위해서라도 어떤 일에 집착이 없어야 한다. 보시에서 무주상無住相 보시를 높이 사는 이유가 여기에 있다. 집착을 놓아 버리라는 방하착放下着은 얼마나 소중한 말씀인가.

### 10) 제8 난득행難得行

#### (1) 열 가지 선근善根의 성취

佛子야 何等이 爲菩薩摩訶薩의 難得行고 此菩薩이 成就難得善根과 難伏善根과 最勝善根과 不可壞善根과 無能過善根과 不思議善根과 無盡善

근과 自在力善根과 大威德善根과 與一切佛同一性善根하나니라

"불자들이여, 어떤 것이 보살마하살의 난득행難得行인가. 이 보살은 얻기 어려운 선근과 굴복하기 어려운 선근과 가장 수승한 선근과 깨뜨릴 수 없는 선근과 지나갈 이 없는 선근과 헤아릴 수 없는 선근과 다함이 없는 선근과 자재한 힘의 선근과 큰 위덕 있는 선근과 일체 부처님과 성품이 같은 선근을 성취하였느니라."

불교에서는 선근, 선행, 선량 등의 말을 많이 쓴다. 세상 모든 사람들이 선량하다는 것은 악하지 않다는 뜻이다. 일체 악이 없는 선량한 세상이 되기를 바라는 것이 불교의 이상세계이기 때문이다. 그 선근을 여러 가지로 밝혔다. 여기에서 얻기 어렵다는 난득행難得行이라는 것도 선근을 얻기 어렵다는 것이다.

청량스님은 선근에 대해서 "선善은 이치를 따라서 중생을 이익하게 하고, 근根은 더욱더 생장하는 것이다. 선근을 얻

는 것은 자신에게 있다. 그래서 성취라고 한다. 글에 열 구절이 있다. 첫 구절은 전체적인 뜻이고 나머지는 나누어서 설명하였다. 전체에는 나머지 아홉 구절을 갖추고 있어서 얻기 어렵다[難得]는 이름을 받았다."[1]라고 하였다.

### (2) 선근을 닦아 이익을 얻다

<small>차보살 수제행시 어불법중 득최승해</small>
**此菩薩**이 **修諸行時**에 **於佛法中**에 **得最勝解**하며

<small>어불보리 득광대해 어보살원 미증휴식</small>
**於佛菩提**에 **得廣大解**하며 **於菩薩願**에 **未曾休息**

<small>진일체겁 심무피권 어일체고 불생</small>
하며 **盡一切劫**토록 **心無疲倦**하며 **於一切苦**에 **不生**

<small>염리 일체중마 소불능동 일체제불지소</small>
**厭離**하며 **一切衆魔**의 **所不能動**이며 **一切諸佛之所**

<small>호념 구행일체보살고행 수보살행 정</small>
**護念**이며 **具行一切菩薩苦行**하며 **修菩薩行**하야 **精**

---

1) 善謂順理益物 根謂增上生長 獲之在己 故名成就. 文有十句：初總 餘別. 總具後九 受難得名.

근비해     어대승원    항불퇴전
**勤匪懈**하며 **於大乘願**에 **恒不退轉**이니라

 "이 보살은 모든 행을 닦을 적에 불법 중에서 가장 수승한 이해를 얻고, 부처님의 깨달음에 넓고 큰 이해를 얻고, 보살의 서원에 조금도 쉬지 아니하고, 일체 겁이 다하여도 게으른 마음이 없으며, 모든 고통에 싫은 생각을 내지 않고, 모든 마군이 움직일 수 없으며, 모든 부처님이 호념하시는 바며, 모든 보살의 고행을 갖추어 행하고, 보살의 행을 닦되 꾸준하여 게으르지 아니하며, 대승에 대한 소원이 항상 퇴전하지 아니하느니라."

 선근을 닦아 성취할 때에 얻는 이익을 역시 화엄경에서 보는 존재의 원만성에 의해서 만수滿數인 열 가지로 열거하였다. 불법 중에서 가장 수승한 이해는 불교 공부에 있어 더없이 중요하다. 그래서 경전을 펼칠 때는 언제나

 "가장 높고 깊고 깊은 미묘한 법,

 백천만겁에도 만나기 어려워라.

 내 지금 듣고 보게 되었으니

 여래의 진실한 뜻 이해하여지이다."[2] 라고 하는 것이다.

여러 가지 선근을 성취하여 얻는 이익이란 일체 불법의 안목에서 볼 때 자신의 덕행을 갖추고 중생을 교화하는 데 필요한 모든 점들을 다 갖추었다.

### (3) 얻기 어려운 행을 이룬 이익

是<sub>시</sub>菩<sub>보</sub>薩<sub>살</sub>이 安<sub>안</sub>住<sub>주</sub>此<sub>차</sub>難<sub>난</sub>得<sub>득</sub>行<sub>행</sub>已<sub>이</sub>하야 於<sub>어</sub>念<sub>념</sub>念<sub>념</sub>中<sub>중</sub>에 能<sub>능</sub>轉<sub>전</sub>阿<sub>아</sub>僧<sub>승</sub>祇<sub>지</sub>劫<sub>겁</sub>生<sub>생</sub>死<sub>사</sub>하야 而<sub>이</sub>不<sub>불</sub>捨<sub>사</sub>菩<sub>보</sub>薩<sub>살</sub>大<sub>대</sub>願<sub>원</sub>하나니 若<sub>약</sub>有<sub>유</sub>衆<sub>중</sub>生<sub>생</sub>이 承<sub>승</sub>事<sub>사</sub>供<sub>공</sub>養<sub>양</sub>하며 乃<sub>내</sub>至<sub>지</sub>見<sub>견</sub>聞<sub>문</sub>이라도 皆<sub>개</sub>於<sub>어</sub>阿<sub>아</sub>耨<sub>뇩</sub>多<sub>다</sub>羅<sub>라</sub>三<sub>삼</sub>藐<sub>먁</sub>三<sub>삼</sub>菩<sub>보</sub>提<sub>리</sub>에 得<sub>득</sub>不<sub>불</sub>退<sub>퇴</sub>轉<sub>전</sub>이니라

"이 보살은 이 얻기 어려운 행에 편안히 머물고는, 생각 생각마다 아승지겁에 나고 죽음에 자주 굴러다니면서도 보살의 대원大願을 버리지 아니하나니, 만일 어떤 중생이 받들어 섬기고 공양하거나, 내지 보고 듣기만 하여도

---

2) 無上甚深微妙法 百千萬劫難遭遇 我今聞見得受持 願解如來眞實義.

모두 아뇩다라삼먁삼보리에서 퇴전치 아니하느니라."

얻기 어려운 행을 이룬 보살의 이익은 참으로 크다. 오랜 세월 동안 생사를 거듭하더라도 보살의 중생을 제도하는 크나큰 원력은 버리지 않는다. 그래서 만약 어떤 중생이 그 보살을 받들어 섬기고 공양하고 법문을 듣고 친견하게 되면 그것만으로도 최상의 깨달음에서 물러나지 아니한다. 난득행을 성취한 보살은 온갖 선근을 성취하여 선근의 수미산이기 때문에 가까이만 하여도 큰 감동이 있다.

### (4) 중생 제도함을 비유로 나타내다

**此菩薩**이 **雖了衆生非有**나 **而不捨一切衆生界**하나니 **譬如船師**가 **不住此岸**하며 **不住彼岸**하며 **不住中流**하고 **而能運度此岸衆生**하야 **至於彼岸**하나니 **以往返無休息故**인달하나라

차보살 수료중생비유 이불사일체중생계 비여선사 부주차안 부주피안 부주중류 이능운도차안중생 지어피안 이왕반무휴식고

"이 보살은 비록 중생이 있는 것이 아닌 줄을 알지마는 일체 중생세계를 버리지 아니하느니라. 비유하자면 마치 뱃사공이 이 언덕에도 머물지 않고 저 언덕에도 머물지 않고 중류中流에도 머물지 아니하면서 이 언덕의 중생을 건네어 저 언덕에 이르게 하는 것과 같나니, 왕래하여 쉬지 아니하는 연고이니라."

난득행을 성취한 보살은 이미 중생이 본래로 부처님인 줄을 잘 깨달아 알고 있다. 중생이 본래 부처님인 줄 알고 있으나 또한 부처님인 중생을 제도하는 일을 버리지 않는다. 이것이 진정으로 중생을 제도하는 바른 길이다. 그와 같은 이치를 도피안到彼岸, 즉 배를 저어 저 언덕에 이르는 것에 비유하였다.

보살은 중생의 경지에 머물러 있지도 아니하고, 보살의 경지에 머물러 있지도 아니하고, 중간에 머물러 있지도 아니한다. 왕래하여 쉬지 아니하는 이가 진정한 보살이다. 중생을 위하여 가고 옴이 끝이 없지만 움직이고 고요함은 언제나 깨달음이라는 하나의 경지이다. 이것이 보살의 삶이다.

### (5) 비유와 법을 합하여 나타내다

菩薩摩訶薩도 亦復如是하야 不住生死하며 不住涅槃하며 亦復不住生死中流하고 而能運度此岸衆生하야 置於彼岸의 安隱無畏無憂惱處호대

"보살마하살도 또한 그와 같아서 생사에 머물지도 않고, 열반에 머물지도 않고, 생사의 중류에 머물지도 아니하면서, 이 언덕의 중생을 건네어 저 언덕의 편안하고 두려움 없고 근심이 없고 시끄러움이 없는 곳에 두느니라."

보살이 중생을 제도하는 것은 본래 부처인 중생을 제도하는 것이다. 부처인 중생이면서 또한 중생인 부처인 관계로 제도함이 없이 제도하며 제도하되 또한 제도함이 없다. 그러나 또한 중생은 중생의 고통과 번뇌와 근심과 두려움의 이 언덕에 있으므로 보살은 제도함이 없이 제도하여 저 언덕의 편안하고 두려움 없고 근심이 없고 시끄러움이 없는 곳에 이르게 한다. 모순투성이의 논리지만 불법은 세속의 논리로는 정확하게 표현이 되지 않기 때문이다.

역불어중생수　이유소착　　불사일중생
亦不於衆生數에 而有所着하야 不捨一衆生하고

착 다중생　　불사다중생　　　착일중생　　　부증
着多衆生하며 不捨多衆生하고 着一衆生하며 不增

중생계　　불감중생계　　　불생중생계　　　불멸
衆生界하고 不減衆生界하며 不生衆生界하고 不滅

중생계　　부진중생계　　　부장중생계　　　불분
衆生界하며 不盡衆生界하고 不長衆生界하며 不分

별중생계　　불이중생계
別衆生界하고 不二衆生界니라

"또한 중생의 수효에 집착하지도 아니하고, 한 중생을 버리고 여러 중생에 집착하지도 아니하며, 여러 중생을 버리고 한 중생에 집착하지도 아니하느니라. 중생계가 더하지도 않고 중생계가 덜하지도 않으며, 중생계가 나지도 않고 중생계가 멸하지도 않으며, 중생계가 다하지도 않고 중생계가 자라지도 않으며, 중생계를 분별하지도 않고 중생계를 둘로 하지도 않느니라."

중생이 중생이 아니라 그 이름이 중생이며, 중생계가 중생계가 아니라 그 이름이 중생계다. 중생과 중생계의 본질이 이와 같아서 그 수효에 집착하지 아니한다. 한 중생과 여러 중생이라는 말도 본질에서 보면 그림자와 같고 환영과 같을 뿐이다. 달리 중생계에 분별을 하겠는가.

### (6) 까닭을 나타내다

**何以故**오 **菩薩**이 **深入衆生界如法界**하야 **衆生界**와 **法界**가 **無有二**하야 **無二法中**에 **無增無減**하며 **無生無滅**하며 **無有無無**하며 **無取無依**하며 **無着無二**니 **何以故**오 **菩薩**이 **了一切法**이 **法界無二故**니라

"무슨 까닭인가. 보살이 중생계가 법계法界³⁾와 같은 데 깊이 들어가서 중생계와 법계가 둘이 없게 되나니, 둘이 없는 법에는 더함도 없고 덜함도 없고, 나는[生] 것도 없고 멸함도 없고, 있음도 없고 없음도 없으며, 취함도 없고 의지함도 없고, 집착함도 없고 둘도 없느니라. 왜 그러냐 하면, 보살이 일체 법과 법계가 둘이 없음을

아는 까닭이니라."

　보살은 화엄경의 근본 종지인 법계와 중생계에 깊이 들어가서 중생계와 법계가 둘이 없으며, 둘이 없는 법에는 더함도 없고 덜함도 없으며, 나는 것도 없고 멸함도 없는 이치를 깨달아 알기 때문에 앞에서 설한 중생과 부처가 둘이 아니면서 둘인 까닭을 설한 것이다.


### (7) 고요하고 움직임이 걸림이 없다

菩薩이 如是以善方便으로 入深法界일새 住於

無相호대 以淸淨相으로 莊嚴其身하며 了法無性호대

---

3) 법계에 대한 설명은 구구하지만 화엄종에서의 법계는 대체로 진리 그 자체가 드러난 것으로 간주되는 현실의 세계를 가리킨다. 다양한 분류와 해석 중에서 청량스님이 새롭게 정리한 4법계가 화엄종을 대표하는 것으로 간주된다.
① 사법계事法界: 사물과 현상의 세계 ② 이법계理法界: 진리의 세계 ③ 이사무애법계理事無礙法界: 진리와 사물과 현상이 교류하고 융합하는 세계 ④ 사사무애법계事事無礙法界: 사물과 현상이 서로 교류하고 융합하는 세계 등이다. 4법계설에서의 법계는 진여의 의미를 포함하면서도 보통 사용되는 의미로서의 '세계'와 표면적으로는 거의 같은 뜻이라고 생각된다.

而能分別一切法相하며 不取衆生호대 而能了知 衆生之數하며 不着世界호대 而現身佛刹하며 不分別法호대 而善入佛法하며

"보살이 이와 같이 좋은 방편으로 깊은 법계에 들어가고는 모양이 없는 데 머물러서 청정한 모양으로 그 몸을 장엄하며, 법의 성품이 없음을 알지마는 일체 법의 모양을 분별하며, 중생에 집착하지 않으면서도 중생의 수를 알며, 세계에 집착하지 않으면서도 부처님 세계에 몸을 나타내며, 법을 분별하지 않으면서도 부처님 법에 잘 들어가느니라."

보살이 깊은 법계에 들어가면 모양이 없는 데 머물러서 청정한 모양으로 그 몸을 장엄하며, 법의 성품이 없음을 알지만 일체 법의 모양을 분별하며, 중생에게 집착하지 않으면서도 중생의 수를 알며, 세계에 집착하지 않으면서도 부처님 세계에 몸을 나타낸다. 이것이 있음과 없음, 그 무엇에도 치

우치지 않는 중도적 보살행이다.

예컨대 모양이 없는 데 머물면서 뛰어난 모양으로 그 몸을 장엄한다. 관세음보살은 일체 법이 다 공한 줄을 깨달아 알지만 온갖 장엄거리를 몸에 걸치고 짙은 화장으로 누구보다도 아름답게 장엄한다. 그렇다고 해서 공한 데 치우치거나 장엄거리에 치우치지 않는다. 이것이 중도적 삶이다.

深達義理<sub>호대</sub> 而廣演言教<sub>하며</sub> 了一切法離欲
眞際<sub>호대</sub> 而不斷菩薩道<sub>하고</sub> 不退菩薩行<sub>하며</sub> 常勤
修習無盡之行<sub>호대</sub> 自在入於淸淨法界<sub>하나니라</sub>

"이치를 깊이 통달하여 말로 가르침을 널리 펴서, 일체 법이 탐욕을 떠난 진리의 경계를 알면서도 보살의 도를 끊지 아니하고, 보살의 행에서 물러나지 아니하고 부지런히 다함이 없는 행을 닦아서 자재하게 청정한 법계에 들어가느니라."

얻기 어려운 수행을 닦은 보살은 또 이치를 깊이 통달하여 가르침을 말씀으로 널리 편다. "일체 법이 탐욕을 떠난 진리의 경계"라고 하였는데 일반적으로 불교에서 삼귀의를 할 때에 가르침의 법을 한마디로 표현하여 "탐욕을 떠난 법에 귀의한다[歸依法離欲尊]."고 한다. 그 많고 많은 가르침의 내용 중에서 탐욕을 떠난 것이라는 한마디로 표현한 데는 큰 의미가 있다. 세상에서 사람이 일으키는 문제들의 대부분은 탐욕이 그 원인이 되기 때문이다.


### (8) 비유로써 밝히다

譬如鑽木하야 以出於火에 火事無量이나 而火不滅인달하야 菩薩도 如是하야 化衆生事가 無有窮盡이나 而在世間하야 常住不滅이니라

"비유컨대, 나무를 비비어 불을 내거든 불타는 일이 한량없으나 불은 꺼지지 않는 것과 같이, 보살도 그와

같아서 중생을 교화하는 일이 다함이 없으나 세간에 있어서 항상 머물고 멸하지도 않느니라."

보살의 중생을 교화하는 일은 끝이 없다. 그래서 중생무변서원도衆生無邊誓願度라고 한 것이다. 인류는 원시시대부터 불을 발견하여 오늘에 이른다. 이 지구상에 불은 얼마나 많은가. 또 불의 요소는 얼마나 많은가. 불이 영원하듯이 보살의 중생을 교화하는 일도 영원할 것이다.


(9) 두 가지 행을 모두 버리다

非究竟이며 非不究竟이며 非取며 非不取며 非依며 非無依며 非世法이며 非佛法이며 非凡夫며 非得果니라

"구경究竟도 아니고 구경 아님도 아니며, 집착도 아니고 집착 아님도 아니며, 의지도 아니고 의지 없음도 아니며, 세상 법도 아니고 부처님 법도 아니며, 범부도 아

니고 과과를 얻은 것도 아니니라."

보살이 법을 잘 나타내려면 중도中道의 이치에 들어가서 중도로써 나타내야 한다. 중도란 상대적인 두 면을 함께 부정[雙遮]하고 다시 두 면을 함께 긍정[雙照]해서 부정과 긍정이 함께[遮照同時] 조화를 이루면서 삶의 작용으로 나타나야 한다. 이를테면 남자와 여자의 상대적 관계를 예로 들어 보면 이해될 것이다. 어느 한편만 긍정도 부정도 할 수 없다. 긍정과 부정이 때를 맞춰 가며 조화를 이뤄야 행복한 가정이 된다.

### (10) 더 수승한 행에 나아가다

菩薩이 成就如是難得心하야 修菩薩行時에 不說二乘法하고 不說佛法하며 不說世間하고 不說世間法하며 不說衆生하고 不說無衆生하며 不說垢하고

불 설 정
**不說淨**하나니

"보살이 이러한 얻기 어려운 마음을 성취하고 보살행을 닦을 때에 이승二乘법도 말하지 않고, 부처님 법도 말하지 않고, 세간도 말하지 않고, 세간법도 말하지 않고, 중생도 말하지 않고, 중생 없음도 말하지 않고, 때 묻은 것도 말하지 않고, 깨끗한 것도 말하지 않느니라."

보살이 이러한 얻기 어려운 마음을 성취하고 나면 더 수승한 행에 나아가게 되는데 성문이나 연각의 법을 말하지 않는다. 부처님의 법도 말하지 않는다. 세간이나 세간법에 대해서도 말하지 않는다. 중생과 중생 없음과 더러움과 청정함도 말하지 않는다. 세상에서 참으로 어려운 것이 있다면 자신이 느낀 것이나 알고 있는 것에 대해서 말하지 않는 것이다. 고인의 말씀에 "가히 말할 것을 말하지 않는 것은 대인의 마음이다."[4]라고 하였다. 말을 하지 않기가 얼마나 어려우면 묵언默言수행이 있겠는가. 말을 하지 않는 것만으로

---

4) 可言不言 大人心.

도 큰 수행으로 삼는 까닭이 여기에 있다.


何<sup>하</sup>以<sup>이</sup>故<sup>고</sup>오 菩<sup>보</sup>薩<sup>살</sup>이 知<sup>지</sup>一<sup>일</sup>切<sup>체</sup>法<sup>법</sup>이 無<sup>무</sup>染<sup>염</sup>無<sup>무</sup>取<sup>취</sup>며 不<sup>부</sup>轉<sup>전</sup>不<sup>불</sup>退<sup>퇴</sup>故<sup>고</sup>로 菩<sup>보</sup>薩<sup>살</sup>이 於<sup>어</sup>如<sup>여</sup>是<sup>시</sup>寂<sup>적</sup>滅<sup>멸</sup>微<sup>미</sup>妙<sup>묘</sup>甚<sup>심</sup>深<sup>심</sup>最<sup>최</sup>勝<sup>승</sup>法<sup>법</sup>中<sup>중</sup>修<sup>수</sup>行<sup>행</sup>時<sup>시</sup>에 亦<sup>역</sup>不<sup>불</sup>生<sup>생</sup>念<sup>념</sup>호대 我<sup>아</sup>現<sup>현</sup>修<sup>수</sup>此<sup>차</sup>行<sup>행</sup>하며 已<sup>이</sup>修<sup>수</sup>此<sup>차</sup>行<sup>행</sup>하며 當<sup>당</sup>修<sup>수</sup>此<sup>차</sup>行<sup>행</sup>이라하야

"무슨 까닭인가. 보살은 일체 법이 물들지도 않고 집착도 없고 전변轉變하지도 않고 물러나지도 않음을 아는 연고이니라. 보살이 이와 같이 적멸하고 미묘하고 매우 깊고 가장 수승한 법 가운데서 수행할 때에 '내가 현재에 이 행을 닦고, 이미 이 행을 닦았고, 장차 이 행을 닦으리라.'는 생각을 내지 아니하느니라."

보살이 일체 법에 대해서 말을 하지 않는 까닭을 밝혔다. "보살은 일체 법이 물들지도 않고 집착도 없고 전변轉變하지

도 않고 물러나지도 않음을 아는 연고이니라."라고 하였다. 매우 깊고 수승한 법 가운데서는 반드시 이 말하지 않는 법을 닦는다고 하였다. 그 또한 일체 법의 실상을 알기 때문이다.

<br>

不着蘊界處와 內世間外世間內外世間하고 所起大願諸波羅蜜과 及一切法에 皆無所着이니라

"오온五蘊, 십팔계十八界, 십이처十二處에 집착하지 않고, 안쪽 세간, 바깥 세간, 안팎 세간과 일으킨 큰 서원의 바라밀다와 일체 법에도 모두 집착이 없느니라."

5온, 18계, 12처는 사람이 삶을 영위해 가는 일체 영역이다. 이 모든 영역에 집착하지 않으면 삶이라는 그 자체에 집착이 없다는 뜻이다. 삶 전체에 집착이 없다면 안쪽 세상과 바깥 세상에도 집착이 없다. 설사 큰 꿈과 큰 원력이 있다 하더라도 그것에도 또한 집착이 없다. 모든 불사를 열정을

다해서 일으키더라도 그것에 집착하지 않으면서 열심히 하는 중도적 삶이 보살의 삶이다.


### (11) 고정된 법이 없다

何以故<sub>오</sub> 法界中<sub>에</sub> 無有法名向聲聞乘<sub>과</sub> 向獨覺乘<sub>이며</sub> 無有法名向菩薩乘<sub>과</sub> 向阿耨多羅三藐三菩提<sub>며</sub> 無有法名向凡夫界<sub>며</sub> 無有法名向染向淨<sub>과</sub> 向生死向涅槃<sub>이니</sub> 何以故<sub>오</sub> 諸法<sub>이</sub> 無二<sub>며</sub> 無不二故<sub>니라</sub>

"무슨 연고인가. 법계 중에는 어떤 법이 '성문승聲聞乘에 향한다, 독각승獨覺乘에 향한다.'라고 이름할 것이 없느니라. 어떤 법이 '보살승에 향한다, 아뇩다라삼먁삼보리에 향한다.'라고 이름할 것이 없느니라. 어떤 법이 '범부세계에 향한다.'고 할 것이 없느니라. 어떤 법이 '물드는 데 향한다, 깨끗한 데 향한다, 생사에 향한다, 열반에 향한다.'고 할 것이 없느니라. 그 까닭은 모든 법이 둘도 없고, 둘이 아님도 없는 연고이니라."

금강경의 명구 중에 무유정법無有定法이라는 말이 있다. 고정되어 변하지 않는 법은 없다는 뜻이다. 이 단락의 내용이 그대로다. 성문이니, 연각이니, 보살이니, 최상의 깨달음이니, 범부니, 물든 세상이니, 청정한 세상이니, 생사니, 열반이니, 그 무엇도 고정되어 있는 법은 없다. 다만 중생들을 깨우치기 위하여 편의상 이름을 지었을 뿐이다. 그러므로 집착할 것이 없다고 하였다. 모든 법은 둘이 아니며 둘이 아님도 없기 때문이다. 모든 법의 실상을 제대로 안다면 집착할 것이 무엇이겠는가.

(12) 비유와 법을 합하여 밝히다

비 여 허 공   어 시 방 중   약 거 래 금   구 불 가 득
**譬如虛空**이 **於十方中**과 **若去來今**에 **求不可得**

然이나 非無虛空인달하야 菩薩도 如是하야 觀一切
法이 皆不可得이나 然이나 非無一切法이니 如實無
異호대 不失所作하야 普示修行菩薩諸行하며 不捨
大願하고 調伏衆生하며 轉正法輪하야 不壞因果호대
亦不違於平等妙法하며

"마치 허공을 시방에서 과거나 미래나 현재에 구하여도 얻을 수 없으나, 그러나 허공이 없는 것이 아니니, 보살도 그와 같아서 일체 법이 모두 얻을 수 없음을 관찰하거니와, 그러나 일체 법이 없지도 아니하여 실상과 같고 다르지 아니하며, 짓는 일을 잃지 않고 보살의 행을 수행함을 널리 보이며, 큰 원력을 버리지 않고, 중생을 조복하며, 정법의 수레를 운전하여 인과를 무너뜨리지 아니하여, 평등하고 묘한 법에도 어기지 아니하느니라."

앞에서 일체 법이 무유정법이라는 이치를 허공에 비유하

였다. 허공은 동서남북과 사유상하 그 어디에서 구하여도 구할 수 없다. 과거와 현재와 미래에서도 찾을 수 없다. 그러나 그 모든 시방과 삼세에 다 있는 것이 또한 허공인 것과 같다. 그래서 보살은 보살행을 널리 보이며, 큰 원력으로 중생들을 교화 조복하며, 정법의 법륜을 크게 굴린다. 그러면서 또한 일체 법에 집착하지 않는다.

普與三世諸如來等<sub>하야</sub> 不斷佛種<sub>하고</sub> 不壞實相<sub>하며</sub> 深入於法<sub>하야</sub> 辯才無盡<sub>하며</sub> 聞法不着<sub>하야</sub> 至法淵底<sub>하며</sub> 善能開演<sub>하야</sub> 心無所畏<sub>하며</sub> 不捨佛住<sub>하고</sub> 不違世法<sub>하야</sub> 普現世間<sub>호대</sub> 而不着世間<sub>이니라</sub>

"널리 삼세의 모든 여래와 더불어 평등하여 부처님의 종성種性을 끊지 않고 실상實相을 깨뜨리지 아니하며, 법에 깊이 들어가 변재가 다하지 않으며, 법을 듣고 집착하지 않으나 법의 깊은 데까지 이르러 잘 열어 연설하매 두려운 마음이 없으며, 부처님 머무는 데를 버리지 아니하고, 세상법을 어기지 아니하며, 세간에 두루 나타나되 세간에 집착하지 아니하느니라."

보살은 일체 법이 모두 얻을 수 없는 것임을 관찰하지만 또한 삼세 여래와 더불어 부처님의 종성이 영원히 끊어지지 않게 하며, 제법의 실상을 깨뜨리지도 않는다. 보살은 제법에도 치우치지 않지만 제법을 얻을 수 없음에도 치우치지 않기 때문이다. 이것이 일체 보살행의 중도인 것이다.

영명연수永明延壽선사는 만선동귀집萬善同歸集에서 "보리심은 내는 것 없이 내며, 불도는 구함이 없이 구한다. 아름다운 행동은 행함이 없이 행하는 것이며, 참다운 지혜는 짓지 않고 짓는 것이다."라고 하였으며, 또 "물에 비친 달 그림자의 도량을 건립하고, 본성이 텅 빈 세상을 잘 장엄하라. 환상과 같은 공양거리를 많이 장만하여, 그림자와 같은 여래에게 공양 올리라."[5]는 등의 말씀을 하였다.

## (13) 자비행을 말하다

菩薩이 如是成就難得智慧心하야 修習諸行호대 於三惡趣에 拔出衆生하야 敎化調伏하야 安置三世諸佛道中하야 令不動搖니라

"보살이 이렇게 얻기 어려운 지혜의 마음을 성취하고는 모든 행을 닦으면서, 세 가지 나쁜 갈래[三惡趣]에서 중생들을 뽑아내어 교화하고 조복하여 삼세의 모든 부처님 도道에 편안히 두어 동요치 않게 하느니라."

---

5) 1. 菩提無發而發 2. 佛道無求而求 3. 妙用無行而行 4. 眞智無作而作 5. 興悲悟其同體 6. 行慈深入無緣 7. 無所捨而行檀 8. 無所持而具戒 9. 修進了無所起 10. 習忍達無所傷 11. 般若悟境無生 12. 禪定知心無住 13. 鑒無身而具相 14. 證無說而談詮 15. 建立水月道場 16. 莊嚴性空世界 17. 羅列幻化供具 18. 供養影響如來 19. 懺悔罪性本空 20. 勸請法身常住 21. 迴向了無所得 22. 隨喜福等眞如 23. 讚歎彼我虛玄 24. 發願能所平等 25. 禮拜影現法會 26. 行道足躡虛空 27. 焚香妙達無生 28. 誦經文通實相 29. 散華顯諸無著 30. 彈指以表去塵 31. 施爲谷響度門 32. 修習空華萬行 33. 深入緣生性海 34. 常遊如幻法門 35. 誓斷無染塵勞 36. 願生惟心淨土 37. 履踐實際理地 38. 出入無得觀門 39. 降伏鏡像魔軍 40. 大作夢中佛事 41. 廣度如化含識 42. 同證寂滅菩提 〈永明延壽禪師 萬善同歸集〉.

보살이 얻기 어려운 지혜란 중도적 지혜다. 중도적 지혜를 성취하고는 보살행을 닦아서 세 가지 나쁜 갈래에서 중생들을 뽑아내어 교화하고 조복하여 삼세의 모든 부처님 도에 편안히 두어 동요치 않게 한다. 이것이 중도에 의한 자비행이다.

부작시념 세간중생 부지은보 갱상
復作是念호대 世間衆生이 不知恩報하고 更相

수대 사견집착 미혹전도 우치무지
讐對하며 邪見執着하야 迷惑顚倒하며 愚癡無智하야

무유신심 수축악우 기제악혜 탐애무
無有信心하며 隨逐惡友하야 起諸惡慧하며 貪愛無

명 종종번뇌 개실충만 시아소수보살행
明의 種種煩惱가 皆悉充滿하니 是我所修菩薩行

처
處라

"다시 생각하기를 '세간의 중생들이 은혜 갚을 줄 알지 못하고 원수로 상대하며, 삿된 소견에 집착하여 미혹하고 뒤바뀌며, 어리석고 지혜가 없어 신심이 없고 나쁜 벗을 따라 온갖 나쁜 생각을 일으키며, 탐욕과 애착과 무명과 갖가지 번뇌가 모두 가득하였으니, 이것이 내가 보살행을 닦을 만한 곳이로다.' 하느니라."

문수보살과 보현보살과 관음보살과 지장보살은 어떻게 하여 그와 같이 위대하고 훌륭한 성인이 되었는가? 그것은 은혜를 입고도 은혜를 모르고 오히려 원수로 생각하는 중생이 있어서다. 삿된 소견에 집착하여 미혹하고 전도된 중생이 있기 때문이다. 신심은 없고 나쁜 벗을 따라다니면서 온갖 나쁜 생각을 일으키는 중생들 덕분이다. 탐욕과 애착과 무명과 온갖 번뇌가 가득한 중생들 덕분이다. 이들이 있는 곳이 그들 훌륭한 보살이 보살행을 닦을 만한 곳이 되었기 때문이다.

설유지은 총명혜해 급선지식 충만세간
**設有知恩**과 **聰明慧解**와 **及善知識**이 **充滿世間**

아 불어중 수보살행 하이고 아어중생
이면 **我不於中**에 **修菩薩行**이니 **何以故**오 **我於衆生**에

무소적막　　무소기망　　　내지불구일루일호
**無所適莫**하며 **無所冀望**하며 **乃至不求一縷一毫**와

급이일자찬미지언　　진미래겁　　수보살행
**及以一字讚美之言**하고 **盡未來劫**토록 **修菩薩行**호대

미증일념　　자위어이　　단욕도탈일체중생
**未曾一念**도 **自爲於已**요 **但欲度脫一切衆生**하야

영기청정　　영득출리
**令其淸淨**하야 **永得出離**니라

"'설사 은혜를 알고 총명하고 지혜가 있으며 선지식이 세간에 가득하다면 나는 이 가운데서 보살행을 닦지 아니할 것이다. 왜냐하면 나는 중생에 대하여 맞고 맞지 아니할 것[適莫]도 없고, 바라는 것도 없으며, 내지 실한 올, 터럭 하나를 구하거나 칭찬하는 말 한마디를 구함도 아니며, 오는 세월이 끝나도록 보살행을 닦으면서도 일찍이 한 번도 내 몸을 위하지 아니하였고, 다만 모든 중생을 제도하여 청정하게 하고 영원히 뛰어나게 하려는 것이로다.' 하느니라."

보살은 "만약 중생들이 은혜를 알고 총명하고 지혜가 있으며 또한 선지식이 세간에 가득하다면 나는 이 가운데서

보살행을 닦지 아니할 것이다."라고 하였다. 그렇다. 보살이 보살이 된 까닭은 바로 이것이다. 그러므로 문수, 보현, 관음, 지장보살은 모두가 못나고 어리석고 나쁜 중생들의 은혜로 그와 같이 훌륭한 성자가 된 것이다. "결핍이 자산이다."라는 말이 여기에서도 통한다. "기한飢寒에 발도심發道心"이라는 옛말도 그와 같은 뜻이다.


(14) 보살의 법

何以故오 於衆生中에 爲明導者가 法應如是하야
하이고  어중생중  위명도자  법응여시

不取不求하고 但爲衆生하야 修菩薩道하야 令其得
불취불구  단위중생  수보살도  영기득

至安隱彼岸하야 成阿耨多羅三藐三菩提라하나니
지안은피안  성아뇩다라삼먁삼보리

是名菩薩摩訶薩의 第八難得行이니라
시명보살마하살  제팔난득행

"무슨 까닭인가. 중생들을 지도하는 이는 응당히 그러하여 집착하지도 않고 구하는 것도 없으며, 다만 중생들을 위하여 보살의 도를 닦으며, 그들로 하여금 편안한 저 언덕에 이르러서 아뇩다라삼먁삼보리를 이루게 하려는 것이니라. 이것이 이름이 보살마하살의 제8 난득행難得行이니라."

부처님도 보살도 모두 중생들을 가르치기 위해서 계시는 분이다. 중생들을 교화하고 조복하고 제도하여 해탈에 이르게 하려고 계시는 분이다. 그와 같은 불사를 하는 이는 집착하는 것도 없고 구하는 것도 없이 오로지 중생들을 위해서 보살도를 닦고, 중생들을 편안한 피안의 저 언덕에 이르게 하려고 할 뿐이다. 중생들을 최상의 깨달음에 이르게 하려고 할 뿐이다. 이것이 보살마하살의 제8 얻기 어려운 난득행難得行이다.

### 11) 제9 선법행善法行

(1) 부처님 종성種性이 끊어지지 않게 하다

佛불자子야 何하등等이 爲위보菩薩살摩마하訶薩살의 善선법法행行고 此차보菩

薩이 爲一切世間天人魔梵沙門婆羅門乾闥婆
等하야 作淸凉法池하야 攝持正法하고 不斷佛種하니라

"불자들이여, 어떤 것이 보살마하살의 선법행善法行인가. 이 보살이 일체 세간의 천신, 사람, 마군, 범천, 사문, 바라문, 건달바들을 위하여 청량한 법의 연못[淸凉法池]이 되어 바른 법을 거두어 지니어서 부처님의 종성이 끊어지지 않게 하느니라."

제9 선법행은 역力바라밀을 주主바라밀로 삼고 나머지 9바라밀은 조助바라밀이 된다. 선법행의 보살은 부처님의 종성種性이 끊어지지 않게 하는 것으로 그 종지를 삼는다. 부처님의 종성이 끊어지지 않는다는 것은 부처님의 대를 계속해서 영원히 이어간다는 뜻이다. 불사 중 가장 큰 불사며 없어서는 안 될 제일 중요한 불사다.

첫 구절은 일체 중생들에게 청량한 법의 연못이 되어 바른 법을 거두어 지니어서 부처님의 종성이 끊어지지 않게 하는 전체적인 뜻을 밝혔다.

### (2) 열 가지 다라니를 얻다

**得淸淨光明陀羅尼故**로 **說法授記**에 **辯才**가 **無盡**하며 **得具足義陀羅尼故**로 **義辯**이 **無盡**하며 **得覺悟實法陀羅尼故**로 **法辯**이 **無盡**하며 **得訓釋言辭陀羅尼故**로 **辭辯**이 **無盡**하며

"청정한 광명 다라니를 얻었으므로 법을 말하고 수기하는 변재辯才가 다함이 없으며, 뜻을 구족한 다라니를 얻었으므로 뜻을 말하는 변재가 다함이 없으며, 실상법을 깨닫는 다라니를 얻었으므로 법을 말하는 변재가 다함이 없으며, 훈고訓詁하여 해석하는 언사의 다라니를 얻었으므로 품사品詞의 변재가 다함이 없느니라."

부처님의 종성이 끊어지지 않게 하려면 열 가지 다라니를 얻어야 하고, 열 가지 변재가 다함이 없어야 한다. 열 가지 다라니를 얻는 것은 법의 본체가 된다. 또 다라니를 얻으므로 열 가지 변재가 다함이 없는 것은 그 작용이다. 먼저 네

가지 다라니를 얻음으로 사무애변四無礙辯이 다함이 없음을 밝혔다.

사무애변四無礙辯은 사무애지四無礙智, 사무애해四無礙解라고도 한다. 마음의 방면으로는 지智 또는 해解라 하고, 입의 방면으로는 변辯이라 한다. ① 법무애法無礙는 온갖 교법에 통달한 것 ② 의무애義無礙는 온갖 교법의 요의要義를 아는 것 ③ 사무애辭無礙는 여러 가지 말을 알아 통달하지 못함이 없는 것 ④ 요설무애樂說無礙는 온갖 교법을 알아 기류機類가 듣기 좋아하는 것을 말하는 데 자재한 것이다.

**得無邊文句**와 **無盡義無礙門陀羅尼故**로 **無礙辯**이 **無盡**하며

"끝이 없는 글 구절과 다함없는 뜻의 걸림 없는 문의 다라니를 얻었으므로 걸림 없는 변재가 다함이 없느니라."

부처님의 종성이 끊어지지 않고 영원히 이어지게 하려면 무엇보다 부처님의 가르침을 많이 알아야 한다. 8만대장경은 얼마나 큰가. 그 속에 담긴 뜻은 또 얼마나 많은가. 그 모든 것을 걸림 없이 다 지녀야 한다. 그 모든 것을 다 지니는 다라니를 얻었으므로 걸림 없는 변재가 다함이 없다.

득불관정다라니　관기정고　환희변　무진
**得佛灌頂陀羅尼**가 **灌其頂故**로 **歡喜辯**이 **無盡**하며

"부처님의 관정灌頂다라니를 얻어 정수리에 물을 부었으므로 환희케 하는 변재가 다함이 없느니라."

또 부처님의 종성이 끊어지지 않고 영원히 이어지게 하려면 공식적으로 부처님의 대를 이어야 한다. 왕이 세자를 정하여 세상에 공포하듯이 정수리에 물을 붓는 전법의 계기가 있어야 한다. 법이 있고 법이 있음을 인정받는다면 얼마나 환희로울까. 환희하게 하는 변재가 다함이 없는 것이다.

득불유타오다라니문고 광명변 무진
**得不由他悟陀羅尼門故**로 **光明辯**이 **無盡**하며

"남을 의지하지 않고 깨닫는 다라니를 얻었으므로 광명 변재가 다함이 없느니라."

또 부처님의 종성이 끊어지지 않고 영원히 이어지게 하려면 남을 의지하지 않고 스스로 깨달아야 한다. 다른 사람으로부터 깨닫거나 얻는 것은 크게 가치가 있는 것이 아니다. 자신이 본래부터 가지고 있던 것을 증득해야 그 광명의 변재가 무궁무진하다.

득동변다라니문고 동변 무진
**得同辯陀羅尼門故**로 **同辯**이 **無盡**하며

"같은 말을 하는 다라니를 얻었으므로 같은 말을 하는 변재가 다함이 없느니라."

부처님의 대를 잇는 것은 곧 부처님과 같은 설법을 하는 것이 중요하다. 만약 다른 견해와 다른 말을 한다면 그것은

외도가 된다. 부처님과 같은 말을 다 지니는 다라니를 얻었으므로 같은 말의 변재가 다함이 없다.

득 종 종 의 신 구 신 문 신 중 훈 석 다 라 니 문 고     훈
**得種種義身句身文身中訓釋陀羅尼門故**로 **訓**

석 변     무 진
**釋辯**이 **無盡**하며

"가지가지 뜻[義身]과 구절[句身]과 글[文身]을 훈고訓詁 해석하는 다라니를 얻었으므로 훈고 해석하는 변재가 다함이 없느니라."

부처님의 대를 잇는 종성이 이어지게 하려면 경전의 뜻을 잘 알아야 하고, 경전의 구절을 모두 기억해야 하고, 경전의 모든 문장을 잘 기억해서 시대 상황과 근기에 알맞게 적절한 해석을 하는 능력을 충분히 지녀야 한다. 그래서 해석하는 능력이 다함이 없어야 한다. 특히 경전을 강의하고 해설서를 써서 세상에 널리 펴려면 빛나는 지혜로 뛰어난 해석과 미려한 문장력이 다함이 없어야 한다.

득 무 변 선 다 라 니 고    무 변 변   무 진
**得無邊旋陀羅尼故**로 **無邊辯**이 **無盡**이니라

"끝이 없이 돌아가는 다라니를 얻었으므로 끝이 없는 변재가 다함이 없느니라."

돌아가는 다라니, 즉 선旋다라니의 선旋은 전환轉換의 뜻이다. 범부의 집착하는 상相을 전환시켜 공호의 도리에 통달하게 하는 지혜의 힘을 뜻한다. 법화경에 나오는 삼다라니 三陀羅尼의 하나이기도 하다. 곧 유상有相에 집착하는 마음을 전환시켜 공의 도리를 이해하게 하는 총지總持다. 사람들의 사고를 불법으로 전환시키는 능력의 가없는 변재가 다함이 없음이다.

이와 같은 열 가지의 다라니를 얻어 열 가지 다함없는 변재를 지님으로써 비로소 부처님의 대를 잇는 종성이 끊어지지 않게 할 수 있다.

### (3) 삼업三業으로 중생을 이롭게 하다

**此菩薩**이 **大悲堅固**하야 **普攝衆生**하야 **於三千大千世界**에 **變身金色**하야 **施作佛事**호대 **隨諸衆生**의 **根性欲樂**하야 **以廣長舌**로 **於一音中**에 **現無量音**하야 **應時說法**하야 **皆令歡喜**하며

"이 보살이 대비심이 견고하여 중생들을 널리 거두어 주는데, 삼천대천세계에서 몸을 금빛으로 변화하여 불사佛事를 지으며, 중생들의 근성과 욕락을 따라서 길고 넓은 혀로써 한 음성에 한량없는 소리를 나타내어 때에 맞추어 법을 말하여 환희케 하느니라."

보살이 삼업으로 중생들을 이롭게 하는데 삼천대천세계에 금빛 몸을 나타내어 불사를 짓는 것은 신업이며, 중생들의 근성과 욕락을 따르는 것은 의업이며, 한량없는 음성으로 설법하는 것은 구업이다.

## (4) 법을 앎이 깊고 수승함

假使有不可說種種業報의 無數衆生이 共會一處호대 其會廣大하야 充滿不可說世界어든 菩薩이 於彼衆會中坐에 是中衆生이 一一皆有不可說阿僧祇口하고 一一口에 能出百千億那由他音하야 同時發聲하야 各別言辭로 各別所問이라도 菩薩이 於一念中에 悉能領受하고 皆爲酬對하야 令除疑惑하나니 如一衆會中하야 於不可說衆會中에도 悉亦如是니라

"가령 말할 수 없는 갖가지 업보業報로 생긴 무수한 중생들이 한곳에 모였으며, 그러한 모임이 광대하여 말할 수 없는 세계에 가득하였느니라. 보살이 그 모인 이

들 가운데 앉았을 적에, 그 모임에 있는 중생들이 낱낱이 말할 수 없는 아승지 입을 가졌고, 그 입마다 백천억 나유타 음성을 내어 한꺼번에 말하느니라. 말이 각각 다르고 묻는 일이 각각 다른 것을 보살이 한 생각 동안에 모두 알아듣고 따로따로 대답하여 그들의 의혹을 덜어 주느니라. 한 모임에서와 같이 말할 수 없는 모임에서도 모두 그와 같이 하느니라."

우리들이 사는 세상은 무수한 사람들이 무수한 종류의 업보를 가지고 이렇게 뒤엉켜 살아가고 있다. 업보가 다르므로 생각이 다르고, 생각이 다르므로 주장이 다르다. 손바닥만 한 우리나라에서도 얼마나 많은 종류의 주장들이 난무하는지 어지럽기 이를 데 없다.

만약 200여 나라에서 70억 인구가 각각 다른 생각으로 각각 다른 질문을 하더라도 보살은 한 생각 동안에 모두 다 알아듣고 따로따로 대답하여 그들의 의혹을 덜어 준다. 그래서 그들의 마음을 다 이해하고 흡족하게 해 준다. 아! 말만으로도 얼마나 시원한 말씀인가.

### (5) 법을 앎이 더욱 미세함

復次假使一毛端處<small>에</small> 念念出不可說不可說
<small>부 차 가 사 일 모 단 처   염념출 불가설 불가설</small>

道場衆會<small>하고</small> 一切毛端處<small>에도</small> 皆亦如是<small>하야</small> 盡未
<small>도 량 중 회   일 체 모 단 처   개 역 여 시   진 미</small>

來劫<small>토록</small> 彼劫<small>은</small> 可盡<small>이어니와</small> 衆會<small>는</small> 無盡<small>이어든</small> 是諸
<small>래 겁   피 겁   가 진   중 회   무 진   시 제</small>

衆會<small>가</small> 於念念中<small>에</small> 以各別言辭<small>로</small> 各別所問<small>이라도</small>
<small>중 회   어 염 념 중   이 각 별 언 사   각 별 소 문</small>

菩薩<small>이</small> 於一念中<small>에</small> 悉能領受<small>하야</small> 無怖無怯<small>하며</small> 無
<small>보 살   어 일 념 중   실 능 영 수   무 포 무 겁   무</small>

疑無謬<small>하야</small> 而作是念<small>하나니라</small>
<small>의 무 류   이 작 시 념</small>

"다시 또 가령 한 털끝만 한 곳에서 잠깐잠깐마다 말할 수 없이 말할 수 없는 도량에 모인 대중을 내듯이, 일체의 털끝만 한 곳에서도 그와 같이 내기를 오는 겁이 다하도록 한다면, 저 겁은 다한다 하여도 대중의 모임은 다함이 없느니라. 이러한 모임의 대중들이 잠깐잠깐마다 제각기 다른 말로써 제각기 다르게 질문하더라도 보살은 한 생각 동안에 모두 다 알아들으면서 두려움도

없고, 겁도 아니 나고, 의심도 없고, 잘못 아는 것도 없어서 이렇게 생각하느니라."

한 털끝에서 무수한 도량의 무수한 대중들을 출현하고, 일체 털끝에서 모두 그와 같이 한다. 그 일을 미래겁이 다하도록 한다. 미래겁은 다하지만 대중들이 출현하는 것은 다함이 없다.

우주법계 모든 존재의 존재 원리는 똑같아서 한 사람의 작은 몸 안에 60조의 세포가 있고, 60조의 세포마다 다시 또 60조의 세포가 있어서 각 세포마다 자신의 역할을 한 사람이 하듯이 한다. 그뿐만 아니라 한 사람의 인생에는 또 얼마나 많고 많은 사연과 감동을 내포하고 있는가. 사연과 사연마다 또 얼마나 많은 이야기들이 있는가. 그와 같이 많고 많은 내용으로 제각기 다르게 질문하더라도 보살은 한 생각 동안에 모두 다 알아듣는다. 원리는 다 같기 때문이다.

(6) 법을 앎이 두루 하여 동시임을 나타내다

設一切衆生이 以如是語業으로 俱來問我라도 我爲說法을 無斷無盡하야 皆令歡喜하야 住於善道하고 復令善解一切言辭하야 能爲衆生하야 說種種法호대 而於言語에 無所分別하며

"가령 일체 중생이 모두 이와 같은 말로써 한꺼번에 나에게 묻더라도 나는 그들에게 법을 말하되 끊임도 없고 다함도 없으며, 그로 하여금 환희하게 하여 선한 도에 머물게 한다. 또 그들로 하여금 온갖 말을 잘 알아서 중생에게 갖가지 법을 말하게 하되 말에 대하여 조금도 분별함이 없게 할 것이니라."

이 보살의 생각을 밝힌 내용이다. 보살은 중생들이 그 어떤 상반되는 질문을 하더라도 모두 만족하게 진리를 말하여 설득하고 그들을 환희하게 한다. 또 그 모든 중생들을 다 같이 착한 길로 들어서게 한다. 그리고 그들이 말을 잘

알아서 또 다른 중생들을 진리로써 설득하게 한다. 우리나라와 같이 온갖 주장으로 시끄러운 세상에서 참으로 이와 같이 할 수만 있다면 얼마나 좋은 세상이 될까. 보살은 언제나 이와 같은 생각을 한다.

假使不可說不可說種種言辭로 而來問難이라도
一念悉領하고 一音咸答하야 普使開悟하야 無有遺餘라하나니 以得一切智灌頂故며 以得無礙藏故며
以得一切法圓滿光明故며 具足一切智智故니라

"'가령 말할 수 없이 말할 수 없는 가지가지 말로써 와서 따져 묻더라도 한 생각에 다 알고 한 음성으로 모두 대답하여 모두 깨닫게 하고 남음이 없게 하리라.' 하느니라. 일체 지혜로 관정灌頂함을 얻은 연고며, 걸림 없는 장藏을 얻은 연고며, 일체 법의 원만한 광명을 얻은 연고며, 일체 지혜의 지혜를 구족한 연고이니라."

부처님의 대를 잇는 종성이 끊어지지 않게 하는 뛰어난 보살은 어떻게 해서 이와 같은 능력이 있는가? 그 까닭을 밝혔다. 일체 지혜로써 부처님으로부터 대를 잇는 관정의 법을 얻었으며, 걸림이 없는 법의 창고를 얻었으며, 일체 법이 원만한 광명을 얻었으며, 일체 차별지혜와 평등지혜를 구족하였기 때문이다.

### (7) 모든 삼천대천세계에서 불사佛事를 짓다

佛子야 此菩薩摩訶薩이 安住善法行已에 能自淸淨하고 亦能以無所着方便으로 而普饒益一切衆生호대 不見有衆生이 得出離者니 如於此三千大千世界하야 如是乃至於不可說三千大千世界에 變身金色하고 妙音具足하야 於一切法에 無所障礙하야

이 작 불 사
**而作佛事**하나니라

"불자여, 이 보살마하살이 선법행에 편히 머물고는 능히 스스로 청정하고, 또한 능히 집착이 없는 방편으로 일체 중생을 이익케 하면서도 중생이 생사에서 벗어나는 일이 있음을 보지 아니하느니라. 이 삼천대천세계에서와 같이 내지 말할 수 없는 삼천대천세계에서 몸을 금색으로 변화하고 묘한 음성을 구족하여 일체 법에 장애함이 없이 불사를 짓느니라."

머리카락을 한 올 들면 온 우주가 따라 들리고, 한 잎의 단풍에서 천하에 가을이 온 것을 아는 이치가 곧 화엄이 말하는 이치다. 또 한 사람이 부처님께 절을 하면 3600조의 세포 세계도 다 따라 절을 하고, 한 사람이 환희하면 온 우주가 환희하는 것이 화엄의 이치다. 보살이 불사를 짓는 것도 이와 같은 이치다.

### (8) 보살이 열 가지 몸을 성취하다

佛<sub>불</sub>子<sub>자</sub>야 此<sub>차</sub>菩<sub>보</sub>薩<sub>살</sub>摩<sub>마</sub>訶<sub>하</sub>薩<sub>살</sub>이 成<sub>성</sub>就<sub>취</sub>十<sub>십</sub>種<sub>종</sub>身<sub>신</sub>하나니 所<sub>소</sub>謂<sub>위</sub>入<sub>입</sub>無<sub>무</sub>邊<sub>변</sub>法<sub>법</sub>界<sub>계</sub>非<sub>비</sub>趣<sub>취</sub>身<sub>신</sub>이니 滅<sub>멸</sub>一<sub>일</sub>切<sub>체</sub>世<sub>세</sub>間<sub>간</sub>故<sub>고</sub>며 入<sub>입</sub>無<sub>무</sub>邊<sub>변</sub>法<sub>법</sub>界<sub>계</sub>諸<sub>제</sub>趣<sub>취</sub>身<sub>신</sub>이니 生<sub>생</sub>一<sub>일</sub>切<sub>체</sub>世<sub>세</sub>間<sub>간</sub>故<sub>고</sub>니라

"불자들이여, 이 보살마하살은 열 가지 몸을 성취하느니라. 이른바 그지없는 법계에 들어가는 모든 갈래가 아닌 몸이니 일체 세간을 멸하는 연고이며, 그지없는 법계에 들어가는 모든 갈래의 몸이니 일체 세간에 나는 연고이니라."

보살이 열 가지 몸을 성취하고 그 까닭을 밝혔다. 보살은 그지없는 법계에 들어가도 일체 취생<sub>趣生</sub>을 따라서 그 몸을 변화시키지 않는다. 일체 세간을 차별한 세간으로 보지 않기 때문이다. 반대로 모든 갈래의 몸을 성취하는 것은 일체 세간을 따라 태어나기 때문이다.

不生身이니 住無生平等法故며 不滅身이니 一切滅하야 言說不可得故며 不實身이니 得如實故며 不妄身이니 隨應現故니라

"나지[生] 않는 몸이니 남이 없이 평등한 법에 머무는 연고며, 멸하지 않는 몸이니 일체의 멸함을 말로 할 수 없는 연고며, 진실하지 않은 몸이니 실상과 같음을 얻은 연고며, 허망하지 않은 몸이니 마땅한 대로 나타내는 연고이니라."

보살은 이 몸이 본래로 불생불멸이며 불실불망임을 깨달아 그대로 현실에 실현한다. 어찌 생이 있음을 말하며 멸이 있음을 말하겠는가. 또 이 몸은 진실도 없고 허망도 없다. 환영이어서 허망하다고 하는 이 몸이 곧 법신이라는 사실을 깨달아 알기 때문이다.

불천신　　이사차생피고　　불괴신　　법계성
**不遷身**이니 **離死此生彼故**며 **不壞身**이니 **法界性**

무괴고　　일상신　　삼세어언도단고　　무상신
**無壞故**며 **一相身**이니 **三世語言道斷故**며 **無相身**이니

선능관찰법상고
**善能觀察法相故**니라

"변천하지 않는 몸이니 여기서 죽어 저기에 나는 일에서 벗어난 연고며, 무너지지 않는 몸이니 법계의 성품이 무너짐이 없는 연고며, 한 모양 몸이니 삼세의 말할 길이 끊어진 연고며, 모양 없는 몸이니 법의 모양을 잘 관찰하는 연고이니라."

보살은 변천하지 않는 몸과 무너지지 않는 몸과 하나의 몸과 형상 없는 몸을 성취하여 그 몸이 자유자재하다. 변천하지 않는 몸은 중생은 여기에서 죽어서 저기에 태어나는 것인데 태어날 때마다 얼굴이 변하고 몸이 달라진다. 무너지지 않는 몸은 법계성에 계합하여 법계의 이치에 맞기 때문이다. 한 모양은 설명할 수 없으며, 법의 모양은 모양이 없다.

(9) 열 가지 몸을 성취한 목적

菩薩<sub>보살</sub>이 成就如是十種身<sub>성취여시십종신</sub>하야 爲一切衆生舍<sub>위일체중생사</sub>니 長養一切善根故<sub>장양일체선근고</sub>며 爲一切衆生救<sub>위일체중생구</sub>니 令其得大安隱故<sub>영기득대안은고</sub>며 爲一切衆生歸<sub>위일체중생귀</sub>니 與其作大依處故<sub>여기작대의처고</sub>며 爲一切衆生導<sub>위일체중생도</sub>니 令得無上出離故<sub>영득무상출리고</sub>며 爲一切衆生師<sub>위일체중생사</sub>니 令入眞實法中故<sub>영입진실법중고</sub>며 爲一切衆生燈<sub>위일체중생등</sub>이니 令其明見業報故<sub>영기명견업보고</sub>며 爲一切衆生光<sub>위일체중생광</sub>이니 令照甚深妙法故<sub>영조심심묘법고</sub>며 爲一切三世炬<sub>위일체삼세거</sub>니 令其曉悟實法故<sub>영기효오실법고</sub>며 爲一切世間照<sub>위일체세간조</sub>니 令入光明地中故<sub>영입광명지중고</sub>며 爲一切諸趣明<sub>위일체제취명</sub>이니 示現如來自在故<sub>시현여래자재고</sub>니라

"보살이 이와 같은 열 가지 몸을 성취하고는 일체 중

생의 집이 되나니 모든 선근을 기르는 연고며, 일체 중생의 구호함이 되나니 그로 하여금 크게 편안함을 얻게 하는 연고며, 일체 중생의 돌아갈 데가 되나니 그들의 의지할 곳이 되는 연고며, 일체 중생의 지도자가 되나니 위없이 벗어나게 하는 연고며, 일체 중생의 스승이 되나니 진실한 법에 들게 하는 연고며, 일체 중생의 등불이 되나니 그들로 하여금 업보를 환히 보게 하는 연고며, 일체 중생의 빛이 되나니 깊고 묘한 법을 비추게 하는 연고며, 일체 삼세의 횃불이 되나니 실상법을 깨닫게 하는 연고며, 일체 세간의 비침이 되나니 광명한 땅 가운데 들게 하는 연고며, 일체 갈래의 밝음이 되나니 여래의 자재함을 나타내는 연고이니라."

보살은 열 가지 몸을 성취하여 일체 중생의 집이 되어야 한다. 일체 중생의 구호함이 되어야 한다. 일체 중생의 돌아갈 데가 되어야 한다. 일체 중생의 지도자가 되어야 한다. 일체 중생의 스승이 되어야 한다. 일체 중생의 등불이 되어야 한다. 일체 중생의 빛이 되어야 한다. 일체 삼세의 횃불이 되어야 한다. 일체 세간의 비침이 되어야 한다. 일체 갈래의 밝음이 되어야 한다. 이것이 보살의 중생을 위한 길이다. 보살이 그와 같듯이 불교가 또한 세상에서 그와 같아야 한다.

### (10) 일체 중생을 위하여 청량한 법의 연못이 된다

佛<sub>불</sub>子<sub>자</sub>야 是<sub>시</sub>名<sub>명</sub>菩<sub>보</sub>薩<sub>살</sub>摩<sub>마</sub>訶<sub>하</sub>薩<sub>살</sub>의 第<sub>제</sub>九<sub>구</sub>善<sub>선</sub>法<sub>법</sub>行<sub>행</sub>이니 菩<sub>보</sub>薩<sub>살</sub>이 安<sub>안</sub>住<sub>주</sub>此<sub>차</sub>行<sub>행</sub>하야 爲<sub>위</sub>一<sub>일</sub>切<sub>체</sub>衆<sub>중</sub>生<sub>생</sub>作<sub>작</sub>淸<sub>청</sub>凉<sub>량</sub>法<sub>법</sub>池<sub>지</sub>하야 能<sub>능</sub>盡<sub>진</sub>一<sub>일</sub>切<sub>체</sub>佛<sub>불</sub>法<sub>법</sub>源<sub>원</sub>故<sub>고</sub>니라

"불자들이여, 이것이 이름이 보살마하살의 제9 선법행善法行이니라. 보살이 이 행에 머무르면, 일체 중생을 위하여 청량한 법의 연못[法池]이 되어 일체 불법의 근원을 다하는 연고이니라."

선법행이란 불법을 잘 나타내는 행이다. 불법을 잘 나타내려면 불법을 잘 증득해서 부처님의 대를 잇는 불종성이 끊어지지 않게 해야 한다. 그와 같은 행에 편안히 머물면 일체

중생에게 청량한 법의 연못이 되어 찌는 듯이 무더운 세상살이에서 시원하게 벗어날 수 있다. 그것은 곧 일체 불법의 근원을 다하는 것이기도 하다.


### 12) 제10 진실행眞實行

(1) 말과 같이 행한다

佛<sub>불</sub>子<sub>자</sub>야 何<sub>하</sub>等<sub>등</sub>이 爲<sub>위</sub>菩薩摩訶薩<sub>보살마하살</sub>의 眞實行<sub>진실행</sub>고 此<sub>차</sub>菩薩<sub>보살</sub>이 成就第一誠諦之語<sub>성취제일성제지어</sub>하야 如說能行<sub>여설능행</sub>하며 如行能說<sub>여행능설</sub>하나니라

"불자들이여, 어떤 것이 보살마하살의 진실행眞實行인가. 이 보살은 제일가는 성실하고 참된 말을 성취하여 말한 대로 능히 행하고 행하는 대로 능히 말하느니라."

십행법문 중 진실행眞實行은 지智바라밀이 주바라밀이 되

고 나머지 9바라밀이 조바라밀이 된다. 사람이 진실하다는 것은 무슨 뜻인가. 제일가는 성실하고 참된 말을 성취해서 말한 대로 능히 행하고 행하는 대로 능히 말하는 사람이라는 뜻이다. 자신이 말한 대로만 살면 그 사람은 참으로 진실한 사람이다.


(2) 진실한 행의 행상

此菩薩이 學三世諸佛의 眞實語하며 入三世諸佛種性하며 與三世諸佛로 善根同等하며 得三世諸佛의 無二語하며 隨如來學하야 智慧成就니라

"이 보살이 삼세 부처님들의 진실한 말을 배우며, 삼세 부처님들의 종성에 들어가며, 삼세 부처님들과 더불어 선근이 동등하며, 삼세 부처님들의 둘이 없는 말을 얻으며, 여래를 따라 배워서 지혜를 성취하였느니라."

말과 실천이 같고 실천과 말이 같은 진실행을 성취한 보살은 과거 현재 미래의 모든 부처님의 진실한 말씀을 배운다. 또 모든 부처님의 대를 잇는 종성에 들어간다. 또 모든 부처님의 선근과 동등하다. 또 모든 부처님의 둘이 없는 말을 얻는다. 결국 여래를 따라 배워서 여래의 지혜를 성취한다.


### (3) 열 가지 지혜의 성취

차 보 살 성 취 지 중 생 시 처 비 처 지
**此菩薩**이 **成就知衆生是處非處智**와

"이 보살이 중생의 옳은 곳과 그른 곳을 아는 지혜를 성취하느니라."

흔히 부처님을 표현할 때 열 가지 지혜의 능력을 들어서 부처님이라고 하는 경우가 많다. 이 화엄경에서도 이미 여러 번 나왔다. 진실행에서 다시 거론한다. 지혜바라밀을 주로 수행하고 있는 단계이기 때문이다. 그 열 가지 지혜의 능력, 곧 십력十力 중에서 첫 번째다. "옳은 곳과 그른 곳을 아는 지혜"란 사건의 옳고 그름을 알고 이치와 이치가 아닌 것을 아는 지혜며, 경우와 경우가 아닌 것을 아는 지혜며, 더 나아가서 앉을 자리와 설 자리를 아는 지혜며, 할 말과 할 말이 아닌 것을 아는 지혜의 능력이다.

거 래 현 재 업 보 지
**去來現在業報智**와

"과거 미래 현재에 업으로 받는 과보를 아는 지혜를 성취하느니라."

두 번째는 중생들이 과거 미래 현재에 어떤 업을 지었으며, 그 업으로 또 어떤 과보를 받는가를 아는 지혜의 능력이다. 혹은 업이숙지력業異熟智力이라고도 표현한다. 사람들은 전생의 선업과 악업과 또는 인간관계와 복을 지음과 짓지 못함 등에 대해서 무척 알고 싶어 한다. 그 해답에 대해서 이와 같은 게송이 있다.

"전생의 일을 알고자 하는가?

금생에 받는 것이 곧 그것이니라.

내생의 일을 알고자 하는가?

금생에 짓는 것이 곧 그것이니라."[6)]


<sub>제 근 이 둔 지</sub>
**諸根利鈍智**와

"모든 근성이 영리하고 둔함을 아는 지혜를 성취하느니라."

세 번째는 일체 중생의 근기와 근성과 수준들이 각각 영리한지, 우둔한지, 총명한지, 어리석은지 등을 잘 아는 지혜의 능력이다.


<sub>종 종 계 지</sub>
**種種界智**와

"갖가지 경계를 아는 지혜를 얻느니라."

---

6) 欲知前生事 今生受者是 欲知來生事 今生作者是.

네 번째는 중생들의 가지가지 세계를 잘 아는 지혜의 능력이다. 중생들은 각양각색이어서 설사 같은 나라, 같은 환경에서 산다고 하더라도 그들이 수용하고 누리는 세계는 모두 다르다. 진실행에서 지<sup>智</sup>바라밀을 주된 바라밀로 수행하는 보살은 이와 같이 각각 다른 세계와 다른 경계를 모두 다 안다.


　　종 종 해 지
　**種種解智**와

　"가지가지 이해를 아는 지혜를 얻느니라."

　종종승해지력<sup>種種勝解智力</sup>이라고도 한다. 중생의 여러 가지 지해<sup>知解</sup>와 이해를 아는 지혜의 능력이다. 실로 중생들이 무엇을 아는지 그 사실을 알기란 대단히 어렵다.


　일 체 지 처 도 지
　**一切至處道智**와

"온갖 곳에 이르러 갈 길을 아는 지혜를 얻느니라."

변취행지력遍趣行智力이라고도 한다. 중생들의 여러 가지 행업行業으로 어디에 가서 나게 되는지를 다 아는 지혜의 능력이다.


제 선 해 탈 삼 매 구 정 기 시 비 시 지
**諸禪解脫三昧垢淨起時非時智**와

"모든 선정과 해탈과 삼매와 때 묻고 깨끗함이 일어나는 때와 때 아님을 아는 지혜를 얻느니라."

정려해탈등지등지지력靜慮解脫等持等至智力이라고도 한다. 여러 가지 선정과 해탈과 삼매를 다 아는 지혜의 힘이다. 큰 수행이 있지 않고서는 알기 어려운 능력이다.


일 체 세 계 숙 주 수 념 지
**一切世界宿住隨念智**와

"일체 세계에서 지난 세상에 머물던 일을 기억함에 따라 아는 지혜를 얻느니라."

숙주수념지력宿住隨念智力이라고도 한다. 숙명통으로 중생의 가지가지 숙세의 인연을 다 아는 지혜의 능력이다. 보통의 중생들은 어제 일도 잘 모르는 것이 있으며 지난해의 일이나 수년 전의 일은 전혀 모르는 것이 많다. 하물며 과거생의 일이겠는가. 큰 지혜의 힘이다.

### 天眼智와

"천안통의 지혜를 얻느니라."

사생지력死生智力이라고도 한다. 천안통으로 중생이 죽어서 태어날 때와 선한 곳과 악한 곳을 걸림 없이 다 아는 지혜의 능력이다. 또는 산하석벽이 아무런 장애가 되지 않고 거리의 멀고 가까움도 아무런 장애 없이 다 보고 다 아는 지혜의 힘이다.

漏盡智<sub>호대</sub> 而不捨一切菩薩行<sub>하나니</sub> 何以故<sub>오</sub>
欲敎化一切衆生<sub>하야</sub> 悉令淸淨故<sub>니라</sub>

"누진통漏盡通의 지혜를 성취하고도 일체의 보살행을 버리지 아니하나니 무슨 까닭인가. 일체 중생을 교화하여 모두 청정케 하려는 연고이니라."

십력十力 중에서 열 번째는 누진통이다. 누진지력漏盡智力이라고도 한다. 온갖 번뇌와 습기를 영원히 끊어 없애는 지혜의 힘이다. 보통의 아라한들도 다섯 가지 신통은 얻을 수 있지만 마지막 누진통은 얻기 어렵다고 한다. 그러나 보살의 능력은 그와 다르다. 보살에게는 보살행이 본래의 임무다. 보살은 언제나 일체 중생들을 교화하여 모두 청정하게 하려는 것이 원력이다.

### (4) 중생을 먼저 제도한다

此菩薩이 復生如是增上心호대 若我不令一切衆生으로 住無上解脫道하고 而我先成阿耨多羅三藐三菩提者인댄 則違我本願이니 是所不應이라 是故로 要當先令一切衆生으로 得無上菩提와 無餘涅槃하고 然後成佛이니라

 "이 보살은 다시 이러한 더 나아가는 마음을 내느니라. '내가 만일 일체 중생으로 하여금 위없는 해탈도에 머물게 하지 못하고 내가 먼저 아뇩다라삼먁삼보리를 이룬다면, 이것은 나의 본래의 소원을 어기는 것이니, 이것은 마땅하지 못한 일이다. 그러므로 반드시 먼저 일체 중생들로 하여금 가장 높은 보리와 무여열반을 얻게 한 뒤에 성불할 것이니라.'

 보살이 열 가지 지혜의 힘을 얻고 나서 더 나아가는 마음

[增上心]을 낸다. 그 마음은 진정한 보살은 어떤 마음을 내는가 하는 것이다. 보살은 작은 일에서부터 큰일에 이르기까지 그 어떤 일도 좋은 일이라면 중생들이 먼저 하게 하고 나쁜 일이라면 자신이 먼저 한다. 그것이 보살의 본래의 서원이다. 만약 그렇게 하지 않으면 그것은 본래의 서원을 어기는 것이다. 불교의 이상인 해탈의 경지나 성불까지도 중생들로 하여금 먼저 이루게 한 뒤에 자신이 이루리라는 것이다.

何以故오 非衆生이 請我發心이라 我自爲衆生하야 作不請之友하야 欲先令一切衆生으로 滿足善根하야 成一切智니라

'왜냐하면 중생들이 나에게 청하여서 발심한 것이 아니고, 내가 중생에게 청하지 않은 벗이 되어서 일체 중생으로 하여금 선근을 만족하여 일체 지혜를 이루게 하고자 한 것이니라.'

보살이 그와 같은 마음을 낸 것에 대한 까닭을 밝혔다. 보살의 발심은 중생들이 청해서 한 것이 아니라 보살 자신이 스스로 중생을 위해서 청하지도 않은 일을 자청하여 한 것이기 때문이다. 보살의 마음을 표현하는 말 중에 불청지우不請之友라는 말이 나왔다. 청하지 않더라도 일부러 가서 법을 설하여 줄 수 있어야 할 것이다.

是故로 我爲最勝이니 不着一切世間故며 我爲最上이니 住無上調御地故며 我爲離翳니 解衆生無際故며 我爲已辦이니 本願成就故며 我爲善變化니 菩薩功德莊嚴故며 我爲善依怙니 三世諸佛攝受故니라

'그러므로 내가 가장 수승함이 됨이니 일체 세간에

집착하지 않는 연고이니라. 내가 가장 높음이 됨이니 가장 높은 지도하는 지위에 있는 연고이니라. 내가 장애를 떠남이 됨이니 중생의 끝이 없음을 아는 연고이니라. 내가 이미 판단함이 됨이니 본래의 소원을 성취한 연고이니라. 내가 좋은 변화가 됨이니 보살의 공덕으로 장엄한 연고이니라. 내가 좋은 의지가 됨이니 삼세의 부처님들이 거두어 주시는 연고이니라.'"

진정한 보살, 열 가지 지혜의 능력을 성취한 보살, 중생들이 성불한 뒤에 마지막으로 성불할 보살, 청하지 않아도 스스로 가서 법을 설해 주는 보살은 스스로 말하기를, "나는 가장 수승한 사람이다. 가장 높은 사람이다. 장애를 떠난 사람이다. 이미 모든 것을 준비한 사람이다. 잘 변화하는 사람이다. 훌륭한 의지가 되는 사람이다."라고 하였다. 이 얼마나 당당한 보살인가. 이 얼마나 수미산처럼 높고 높은 사람인가.

## (5) 보살의 본래의 서원

此菩薩摩訶薩이 不捨本願故로 得入無上智
慧莊嚴하야 利益衆生하야 悉令滿足호대 隨本誓願
하야 皆得究竟하며 於一切法中에 智慧自在하야 令
一切衆生으로 普得淸淨하며

"이 보살마하살은 본래의 서원을 버리지 않으므로 위없는 지혜의 장엄에 들어가서, 중생들을 이익하게 하여 만족케 하며, 본래의 서원을 따라 모두 구경의 경지에 이르게 하였으며, 일체 법 가운데서 지혜가 자재하며, 일체 중생을 두루 청정케 하느니라."

보살의 본래의 서원은 상구보리上求菩提하고 하화중생下化衆生하는 것이다. 위로는 끊임없이 부처님이 증득하신 깨달음을 구하고 아래로는 중생들이 모두 다 성불할 때까지 법을 가르쳐서 지혜를 얻게 한다. 이것이 보살의 서원이며 부처님의 서원이며 불교의 서원이다.

念念徧遊十方世界하며 念念普詣不可說不可
說諸佛國土하며 念念悉見不可說不可說諸佛과
及佛莊嚴淸淨國土하야 示現如來自在神力하야
普徧法界虛空界니라

"생각 생각마다 시방세계에 두루 노닐며, 생각 생각마다 말할 수 없이 말할 수 없는 모든 부처님 국토에 두루 나아가며, 생각 생각마다 말할 수 없이 말할 수 없는 모든 부처님과 부처님의 장엄과 청정한 국토를 다 보며, 여래의 자재하신 신통의 힘을 나타내어 법계와 허공계에 두루 가득하느니라."

보살의 본래의 서원은 어느 한순간도 빠지지 않고 시방세계에 두루 노닐며 모든 부처님과 부처님의 장엄과 부처님의 불사와 청정 국토를 다 친견하여 다시 그것을 중생들에게 널리 베푸는 것이다.

### (6) 부처님의 종성種性에 들어가다

此菩薩이 現無量身하야 普入世間호대 而無所依하야 於其身中에 現一切刹과 一切衆生과 一切諸法과 一切諸佛하며

"이 보살은 한량없는 몸을 나타내어 세간에 두루 들어가되 의지함이 없으며, 그 몸 가운데 일체 세계와 일체 중생과 일체 법과 일체 부처님을 나타내느니라."

부처님의 대를 잇는 종성에 깊이 들어가는 것은 한량없는 몸을 나타내어 세상에 두루 들어가서 보살의 교화 활동으로 새로운 안목으로 일체 세계와 일체 중생과 일체 법과 일체 부처님을 나타내 보이는 것이다. 대상은 달라지지 않으나 다른 차원과 다른 가치로 이해하게 하는 것이다. 그것이 부처님의 대를 잇는 보살이 할 일이다.

차보살  지중생  종종상   종종욕   종종해
**此菩薩**이 **知衆生**의 **種種想**과 **種種欲**과 **種種解**와

종종업보   종종선근   수기소응    위현기
**種種業報**와 **種種善根**하야 **隨其所應**하야 **爲現其**

신     이조복지
**身**하야 **而調伏之**하며

"이 보살이 중생의 가지가지 생각과 가지가지 욕망과 가지가지 이해와 가지가지 업보와 가지가지 선근을 알고, 그 적당한 바를 따라서 몸을 나타내어 조복하느니라."

부처님의 종성을 잇는 보살은 자신의 임무를 충실히 하기 위해서는 중생에 대해서 잘 파악하고 있어야 한다. 예컨대 중생들의 가지가지 생각과 욕망과 이해와 업보와 선근을 잘 알아서 그 근기와 상황에 알맞게 몸을 나타내어 그들을 교화하고 조복해야 한다.

관제보살    여환    일체법    여화    불출세
**觀諸菩薩**이 **如幻**하며 **一切法**이 **如化**하며 **佛出世**가

如影<sub>하며</sub> 一切世間<sub>이</sub> 如夢<sub>하고</sub> 得義身文身<sub>의</sub> 無盡
藏<sub>하야</sub> 正念自在<sub>하야</sub> 決定了知一切諸法<sub>하며</sub> 智慧
最勝<sub>하야</sub> 入一切三昧眞實相<sub>하야</sub> 住一性無二地<sub>니라</sub>

"모든 보살이 요술과 같고 일체 법이 환화와 같으며, 부처님의 출현이 그림자와 같고, 일체 세간이 꿈과 같음을 관찰하며, 뜻[義身]과 문구[文身]들이 무진장임을 얻고 바른 생각이 자재하며 일체 모든 법을 분명하게 알며, 지혜가 가장 수승하여 일체 삼매의 진실한 모양에 들어가니 한 성품이요 둘이 아닌 자리에 머무름이니라."

보살은 자신에게 부여된 임무를 열심히 수행하면서 한편으로는 자신을 포함한 모든 보살을 요술로 생긴 것과 같이 보며, 일체 법이 환화와 같은 줄로 보며, 부처님의 출현도 그림자와 같은 줄로 보며, 일체 세간이 꿈과 같은 줄로 본다. 그와 같은 견해를 바탕으로 경전의 뜻과 문장과 구절들을 무진장으로 자유롭게 활용한다. 이것이 부처님의 종성을 이어갈 보살의 안목이다.


### (7) 삼세제불의 진실한 말을 배우다

보살마하살   이제중생   개착어이   안주
**菩薩摩訶薩**이 **以諸衆生**이 **皆着於二**일새 **安住**
대비    수행여시적멸지법
**大悲**하야 **修行如是寂滅之法**하고

"보살마하살은 중생들이 모두 둘에 집착함을 말미암아, 대비에 머물러서 이와 같은 적멸한 법을 닦아 행하느니라."

이 보살이 중생들이 가장 잘 집착하는 병을 지적하였다. 그것은 모든 존재를 둘로 나누어서 집착하는 병이다. 존재를 둘로 나누는 것은 평등하고 적멸한 본질은 보지 못하고 차별한 형상만 보는 치우친 안목이다. 그들을 교화하기 위해서 이와 같은 본질의 적멸법을 수행하는 것이다.

<sub>득불십력</sub> <sub>입인다라망법계</sub> <sub>성취여래</sub>
**得佛十力**<sub>하야</sub> **入因陀羅網法界**<sub>하야</sub> **成就如來**

<sub>무애해탈</sub> <sub>인중웅맹대사자후</sub> <sub>득무소외</sub>
**無礙解脫**<sub>하며</sub> **人中雄猛大獅子吼**<sub>로</sub> **得無所畏**<sub>하야</sub>

<sub>능전무애청정법륜</sub>
**能轉無礙淸淨法輪**<sub>하며</sub>

"부처님의 열 가지 힘[十力]을 얻어 인다라망그물 같은 법계에 들어가고, 여래의 걸림 없는 해탈을 성취하여 사람 중에 웅맹한 큰 사자의 부르짖음으로 두려움이 없음을 얻어 능히 걸림 없고 청정한 법의 수레를 운전하느니라."

진실행을 성취한 보살은 무궁무진하여 중중첩첩으로 제석천의 궁전을 장엄한 그물과 같은 법계에 일일이 다 들어가서 여래의 걸림 없는 해탈을 성취한다. 그와 같은 성취로 웅맹한 큰 사자의 포효로 두려움 없고 걸림 없는 대법륜을 굴린다. 보살은 중생 교화를 위해 언제나 법륜 굴리는 것을 제일가는 의무로 여긴다.

득지혜해탈 요지일체세간경계 절생
**得智慧解脫**하야 **了知一切世間境界**하며 **絶生**

사회류 입지혜대해 위일체중생 호지
**死廻流**하야 **入智慧大海**하며 **爲一切衆生**하야 **護持**

삼세제불정법 도일체불법해실상원저
**三世諸佛正法**하야 **到一切佛法海實相源底**니라

"지혜의 해탈을 얻어 일체 세간의 경계를 깨달아 알고, 생사의 소용돌이를 끊고, 지혜의 큰 바다에 들어가 일체 중생을 위하여 삼세 모든 부처님의 정법을 보호하여 지니고 일체 부처님 법의 바다의 실상인 근원에 이르느니라."

보살은 세간에 있으면서 세간에서 해탈하였다. 그것은 세간의 실상을 깨달아 알기 때문이다. 그것이 곧 지혜다. 따라서 생사에 있으면서 생사의 윤회를 끊는다.


(8) 십행법문을 맺고 이익을 얻다

보살 주차진실행이 일체세간 천인마범
**菩薩**이 **住此眞實行已**에 **一切世間**의 **天人魔梵**과

沙<sup>사</sup>門<sup>문</sup>婆<sup>바</sup>羅<sup>라</sup>門<sup>문</sup>과 乾<sup>건</sup>闥<sup>달</sup>婆<sup>바</sup>阿<sup>아</sup>修<sup>수</sup>羅<sup>라</sup>等<sup>등</sup>이 有<sup>유</sup>親<sup>친</sup>近<sup>근</sup>者<sup>자</sup>면 皆<sup>개</sup>
令<sup>령</sup>開<sup>개</sup>悟<sup>오</sup>하야 歡<sup>환</sup>喜<sup>희</sup>淸<sup>청</sup>淨<sup>정</sup>케하나니 是<sup>시</sup>名<sup>명</sup>菩<sup>보</sup>薩<sup>살</sup>摩<sup>마</sup>訶<sup>하</sup>薩<sup>살</sup>의
第<sup>제</sup>十<sup>십</sup>眞<sup>진</sup>實<sup>실</sup>行<sup>행</sup>이니라

"보살이 이 진실한 행에 머물고는, 일체 세간의 천신, 사람, 마군, 범천, 사문, 바라문, 건달바, 아수라들이 친근하여 모두 마음이 열리어 깨달아 환희하고 청정하게 하나니, 이것이 이름이 보살마하살의 제10 진실행眞實行이니라."

화엄경 7처 9회의 법문 중 제4회에 해당하는 야마천궁 법회의 본론인 십행품 법문을 산문으로 설명하는 것은 이것으로 마친다. 마지막 행이 진실행이다. 보살이 이 행에 머물고 나니 일체 세간의 천신, 사람, 마군, 범천, 사문, 바라문, 건달바, 아수라들이 친근하여 모두 마음이 열리어 깨달아 환희하고 청정하게 되었다.

# 4. 상서祥瑞를 나타내어 증명하다

### 1) 6종 18상의 진동과 하늘 공양

이시　불신력고　시방각유불찰미진수세계
**爾時**에 **佛神力故**로 **十方各有佛刹微塵數世界**가

육종진동　소위동　변동　등변동　기　변기
**六種震動**하니 **所謂動**과 **徧動**과 **等徧動**과 **起**와 **徧起**와

등변기　용　변용　등변용　진　변진　등변
**等徧起**와 **踊**과 **徧踊**과 **等徧踊**과 **震**과 **徧震**과 **等徧**

진　후　변후　등변후　격　변격　등변격
**震**과 **吼**와 **徧吼**와 **等徧吼**와 **擊**과 **徧擊**과 **等徧擊**이요

이때에 부처님의 신통력으로 시방으로 각각 부처님 세계의 작은 먼지 수 같은 세계들이 온통 여섯 가지로 진동하였습니다. 이른바 흔들흔들, 두루 흔들흔들, 온통 두루 흔들흔들, 들먹들먹, 두루 들먹들먹, 온통 두루

들먹들먹, 울쑥불쑥, 두루 울쑥불쑥, 온통 두루 울쑥불쑥, 우르르, 두루 우르르, 온통 두루 우르르, 와르릉, 두루 와르릉, 온통 두루 와르릉, 와지끈, 두루 와지끈, 온통 두루 와지끈하였습니다.

 십행법문을 장문으로 설하여 마치니 시방으로 각각 불찰 미진수 세계가 6종 18상으로 진동하였다. 이것은 상서를 보여 십행법이 여법함을 증명해 보인 것이다. 왜 6종 18상인가? 인간의 삶의 모든 영역을 6근 6경 6식, 이렇게 18의 세계라고 요약해서 표현한다. 십행법문을 듣고는 인간 삶의 전체 영역이 온통 감동과 전율로 뒤흔들리게 된 것을 이와 같이 표현하였다. 비록 수십억 광년 저 멀리에 있는 우주라 하더라도 그 또한 인간의 보고 듣고 느끼고 하는 18계 안에 있는 우주다. 그러므로 시방으로 각각 불찰 미진수 세계가 진동하였다고 한 것이다.

 우천묘화    천향    천말향    천만    천의    천
**雨天妙華**와 **天香**과 **天末香**과 **天鬘**과 **天衣**와 **天**

寶와 天莊嚴具하며 奏天樂音하며 放天光明하며 演暢諸天微妙音聲하니

또 하늘 꽃, 하늘 향, 하늘 가루향, 하늘 화만, 하늘 옷, 하늘 보배, 하늘 장엄거리를 비처럼 내리며, 하늘 음악을 연주하고, 하늘 광명을 놓고, 하늘의 미묘한 음성으로 연창演暢하였습니다.

다음은 하늘 공양이다. 하늘 공양이란 저 모든 공양구가 하늘의 것이라는 뜻도 있으나 세상에서 가장 값진 것이며 가장 귀중한 것이며 가장 훌륭한 것이라는 의미이다. 꽃이 그렇고 향이 그렇고 가루향이 그렇고 화만과 옷과 보배와 모든 것이 그렇다. 그 훌륭한 법문을 듣고 크게 감동하였는데 무엇인들 아끼랴. 음악과 광명과 아름다운 음성이 또한 그렇다.

## 2) 다른 야마천궁에서도 그와 같았다

여차세계야마천궁설십행법   소현신변
**如此世界夜摩天宮說十行法**에 **所現神變**하야

시방세계   실역여시
**十方世界**도 **悉亦如是**하니라

이 세계의 야마천궁에서 십행十行의 법을 설하여 나타내는 신통변화와 같이 시방세계에서도 다 또한 그러하였습니다.

화엄경의 안목은 언제나 하나가 곧 일체고 일체가 곧 하나라는 점이다. 일과 다가 원융무애하다. 그래서 이 세계의 야마천궁에서 십행법문을 설하고 온갖 신통변화를 나타내니 온 시방세계에서도 다 또한 그와 같았다.

## 3) 십만 세계 미진수 보살들의 찬탄

**復以佛神力故**로 **十方各過十萬佛刹微塵數**
<sub>부이불신력고    시방각과십만불찰미진수</sub>

**世界外**하야 **有十萬佛刹微塵數菩薩**이 **俱**하야 **來**
<sub>세계외    유십만불찰미진수보살  구    내</sub>

**詣此土**하사 **充滿十方**하야 **語功德林菩薩言**하사대
<sub>예차토   충만시방   어공덕림보살언</sub>

다시 부처님의 신력으로써 시방으로 각각 십만 세계의 미진수 세계 밖을 지나서 십만 불찰세계의 미진수 보살들이 있어 함께 이 국토에 와서 시방에 가득차 있으면서 공덕림보살에게 말하였습니다.

무수한 세계의 무수한 보살들이 함께 이 국토에 와서 다같이 한목소리로 공덕림보살에게 말하는 광경을 상상해 보라. 세상에 어떤 합창단이 이럴 수가 있겠는가. 실은 삼라만상 천지만물이 모두 보살이 되어 공덕림보살에게 한목소리로 말을 한다고 생각하면 될 것이다.

佛子야 善哉善哉라 善能演說諸菩薩行이여 我等一切가 同名功德林이며 所住世界도 皆名功德幢이며 彼土如來도 同名普功德이시니 我等佛所에도 亦說此法호대 衆會眷屬과 言辭義理가 悉亦如是하야 無有增減하니라 佛子야 我等이 皆承佛神力하고 來入此會하야 爲汝作證하노니 十方世界도 悉亦如是하니라

"불자여, 선재 선재라. 보살의 행을 잘 연설하십니다. 우리들은 모두 이름이 같아서 공덕림功德林이요, 우리가 있는 세계의 이름은 모두 공덕당功德幢이요, 그 세계의 여래께서는 다 명호가 보공덕普功德이십니다. 우리들의 부처님 계신 데서도 이 법문을 설하며, 모인 대중과 권속과 말과 이치도 다 또한 이곳과 같아서 더하거

나 덜함이 없습니다. 불자여, 우리들은 다 부처님의 신력을 받들고 이 회상에 와서 그대를 위하여 증명하는 것이며, 시방세계에서도 다 또한 그와 같습니다."

그동안 공덕림보살이 십행법문을 설하고 나니 시방세계에서 십만 불찰 미진수의 보살들이 모여 와서 공덕림보살을 증명하고 찬탄하였다. 그런데 그 보살들도 모두 이름이 공덕림이다. 세계 이름도 공덕당이다. 그 세계에 계시는 부처님 또한 보공덕이다. 이것은 무슨 뜻인가.

모든 사물은 서로의 주파수가 같으면 공명하는 원리가 있다. 이 지구상에 존재하는 종種들은 각각 달라도 큰 마음의 영역에서 보면 그 주파수는 같다. 주파수가 같아서 보고 듣고 느끼고 하는 것이다. 내가 보고 듣고 느끼는 우주의 모든 존재는 나와 마음의 주파수, 또는 존재 원리의 주파수가 같기 때문에 실은 나에게 부속된 존재들이다. 아니 좀 더 가깝게 표현하면 곧 나의 분신들이다. 나의 분신들이 천백억화신으로 분화하여 천변만화한 모습으로 펼쳐져 있는 것이다. 그러므로 시방세계 그곳에 모인 대중과 권속과 말과 이치도 다 또한 그곳과 같아서 더하거나 덜함이 없는 것이다.

우리들이 사는 영역 안에는 우리와 다른 주파수를 가진 존재들도 무수히 많다. 그러나 주파수가 다르기 때문에 같은 공간, 같은 시간 안에 있으면서 서로 보고 듣고 느끼지 못한다. 마치 이 지구상에 라디오의 주파수가 무수히 많은데 어떤 주파수를 맞추면 그 어떤 소리를 듣게 되지만, 그 어떤 주파수를 맞추지 못하면 들을 수 없는 것과 같다. 들을 수 없다고 해서 없는 것이 아니다. 우리가 알지 못하는 존재에 대해서도 꼭 그와 같다.

# 5. 게송을 설하여 거듭 밝히다

### 1) 게송을 설하는 까닭

<br>이 시　　공 덕 림 보 살　　승 불 신 력　　　보 관 시 방
**爾時**에 **功德林菩薩**이 **承佛神力**하사 **普觀十方**

일 체 중 회　　기 우 법 계　　　욕 령 불 종 성 부 단 고
**一切衆會**와 **暨于法界**하고 **欲令佛種性不斷故**며

　이때에 공덕림보살이 부처님의 위신력을 받들어 시방의 일체 회중과 법계를 두루 관찰하고, 부처님의 종성이 끊어지지 않게 하려는 까닭이며,

　그동안 앞에서 장문으로 십행법문을 자세히 설하였다. 다시 복습하여 마음에 깊이 새기기 위해서 게송으로 정리하였다. 이 글에서는 게송으로 다시 정리하는 까닭을 밝혔다. 이것은 왜 보살의 열 가지 행을 닦는가에 대한 것이다. 보살

의 열 가지 행을 닦는 것은, 첫째, 보살로서 부처님의 대를 잇게 하는 부처님의 종성이 끊어지지 않게 하기 위함이다. 부처님의 종성을 이어간다는 것은 불교의 정법이 이 땅에 성성하게 살아서 만민의 가슴에 고동치고 행동으로 실천되어 맑고 향기롭고 정직하고 선량하고 아름다운 사람들만 사는 세상이 되는 것이다. 서로서로 부처님으로 이해하여 받들어 섬기고 공양 공경하며 존중 찬탄하는 세상이 되는 것이다.

<sub>욕 령 보 살 종 성 청 정 고　　욕 령 원 종 성 불 퇴 전</sub>
**欲令菩薩種性淸淨故**<sub>며</sub> **欲令願種性不退轉**
<sub>고　욕 령 행 종 성 상 상 속 고</sub>
**故**<sub>며</sub> **欲令行種性常相續故**<sub>며</sub>

보살의 종성을 청정케 하려는 까닭이며, 서원의 종성에서 퇴전하지 않게 하려는 까닭이며, 행行의 종성을 항상 계속케 하려는 까닭이며,

또 보살의 종성을 더욱 훌륭하고 수승하게 하려는 까닭이다. 보살의 종성이 청정해야 곧 부처님의 종성을 그들이 잇

기 때문이다. 또 보살에게는 서원도 하나의 종성이 되어 보살의 임무에서 결코 중단함이 없어야 한다. 보살행의 종성도 계속되어야 한다. 이와 같은 이유로 다시 반복해서 게송으로 설하는 것이다.

欲令三世種性悉平等故<sub>며</sub> 欲攝三世一切佛種性故<sub>며</sub> 欲開演所種諸善根故<sub>며</sub> 欲觀察一切諸根故<sub>며</sub> 欲解煩惱習氣心行所作故<sub>며</sub> 欲照了一切佛菩提故<sub>로</sub> 而說頌曰<sub>하사대</sub>

삼세의 종성을 다 평등케 하려는 까닭이며, 삼세 일체 부처님의 종성을 거두어 붙들려고 하는 까닭이며, 심은 바 모든 선근을 연설하려는 까닭이며, 일체 모든 근성과 욕망과 이해와 번뇌와 습성과 마음으로 행하고 짓는 일을 관찰하려는 까닭이며, 일체 부처님의 보리를 비추어 알기 위한 까닭으로 게송으로 말하였습니다.

    삼세의 종성도 다 평등해야 하고 삼세 일체 부처님의 종성을 다 포섭해서 지녀야 한다. 선근을 심은 것을 널리 연설하여 알려야 한다. 그리고 중생들을 제도하려면 모든 근성과 욕망과 이해와 번뇌와 습성과 마음으로 행하고 짓는 일을 낱낱이 잘 관찰해야 한다. 끝으로 부처님의 보리를 잘 비추어 알아야 하는 까닭으로 게송을 다시 설하는 것이다.

### 2) 부처님께 귀의하여 예경하다

일심경례십력존
**一心敬禮十力尊**이

이구청정무애견
**離垢淸淨無礙見**하시며

경계심원무윤필
**境界深遠無倫匹**하사

주여허공도중자
**住如虛空道中者**하노이다

열 가지 힘을 가진 높으신 이와
때를 여의고 청정하여 걸림 없이 보는 이와
경계가 깊고 멀어 짝할 이 없고

허공과 같은 도에 머문 이에게 일심으로 경례합니다.

십행법문을 게송으로 다시 설하는데 모두 101게송이 있다. 첫째 게송에서는 부처님께 귀의하여 공경하고 예배하는 뜻을 폈다. 96개의 게송은 앞의 장문의 내용을 재차 게송으로 설하였다. 나머지 네 게송은 십행법문의 깊고 넓음을 찬탄하여 결론지었다. 청량스님은 "부처님의 삼덕三德을 나타내었는데 열 가지 힘은 지혜의 덕[智德]을 표하였으며, 다음 구절은 번뇌를 끊는 덕[斷德]을 표하였으며, 다음은 은혜의 덕[恩德]을 표하였으며, 마지막 구절은 삼덕을 모두 비유하였다."[7]라고 하였다.

마지막 구절에서 "허공과 같은 도에 머문 이"라고 하였는데 "부처님은 어디에 머무는가? 허공과 같은 도에 머문다. 도란 한마디로 허공과 같다. 허공은 어디에도 없으면서 어디에도 다 있다. 또 허공은 아무것도 아니면서 무엇이든 다 수용한다. 부처님은 그와 같은 경지에 머문다."라고 정리할 수 있다.

---

7) 顯佛三德 : 十力智德. 次句斷德. 次句恩德, 衆生爲境故. 末句通喻三德. 智廣惑淨悲深遠故.

## 3) 삼세의 부처님께 배워 수행하다

과거인중제최승
**過去人中諸最勝**이

공덕무량무소착
**功德無量無所着**하시며

용맹제일무등륜
**勇猛第一無等倫**하시니

피이진자행사도
**彼離塵者行斯道**로다

지난 세상 인간 중에 가장 수승하고

공덕이 한량없고 집착 없으며

용맹하고 제일이고 짝이 없으니

저 번뇌를 떠난 이가 이 도를 행하도다.

청량스님 소에 "게송이 앞에서는 삼세의 부처님에게 배우는 것을 둘로 나눈다. 처음 세 게송은 낱낱이 밝히고 뒤의 한 게송은 전체의 설명이다. 각각 처음 세 구절은 부처님의 덕을 밝히고 마지막 구절은 덕의 행할 바를 결론지었다. 아래의 모든 글에서 '이 도를 행하도다.'라는 말은 모두 이것을 본받았다."[8]라고 하였다.

첫 게송은 과거 부처님의 덕을 말하고, 다음 게송은 현재 부처님의 덕을 말하고, 다음 게송은 미래 부처님의 덕을 말하고, 다음 게송은 삼세 부처님의 덕을 말했다. 첫 게송의 앞의 세 구절은 부처님의 덕을 밝히고 마지막 한 구절은 십행보살이 이 도를 행한다는 것을 밝혔다. 십행보살을 번뇌를 떠난 이[離塵者]라고 표현하였다.

현재시방제국토
**現在十方諸國土**에　　**善能開演第一義**하사

이제과악최청정
**離諸過惡最淸淨**하시니　**彼無依者行斯道**로다

지금 세상 시방의 여러 국토에
제일가는 이치를 잘 펴서 연설하시며
모든 허물 여의고 가장 청정해
저 의지한 데 없는 이가 이 도를 행하도다.

과거 부처님 다음으로 현재 부처님이다. 역시 앞의 세 구절은 부처님의 덕을 밝히고 마지막 한 구절은 의지함이 없는

---

8) 頌前學三世佛中分二 : 初三別明 後一總說. 各初三句辨德 後句結德所行. 下諸文行斯道言 皆倣於此.

이가 그와 같은 도를 행한다는 뜻이다. 여기서는 십행보살을 의지함이 없는 이[無依者]라고 표현하였다.

> 미래소유인사자
> **未來所有人獅子**가
> 주변유행어법계
> **周徧遊行於法界**하사
>
> 이발제불대비심
> **已發諸佛大悲心**하시니
> 피요익자행사도
> **彼饒益者行斯道**로다

오는 세상 인간 중에 사자이신 이
온 법계에 두루두루 다니시면서
부처님의 대비심을 이미 냈으니
저 이익 주는 이가 이 도를 행하도다.

미래 부처님이다. 사람 가운데 사자이시며, 온 법계에 두루두루 교화하러 다니신다. 모든 부처님의 대비심을 이미 발한 부처님이시다. 중생들에게 큰 이익을 주는 십행보살이 그와 같은 도를 행한다. 또 여기에서는 십행보살을 이익을 주는 이[饒益者]라고 표현하였다.

삼 세 소 유 무 비 존  　　자 연 제 멸 우 치 암
**三世所有無比尊**이　　**自然除滅愚癡闇**하사

어 일 체 법 개 평 등　　피 대 력 인 행 차 도
**於一切法皆平等**하시니　**彼大力人行此道**로다

세 세상에 계시는 비교할 데 없는 어른

저절로 어리석음 제해 버리고

일체 법에 모두 다 평등하시니

저 큰 힘을 얻은 이가 이 도를 행하도다.

부처님은 과거 현재 미래에 모두 그 누구와도 비교할 수 없는 높은 어른이시다. 어리석음의 암흑을 저절로 소멸하시고 일체 법에 텅 비어 평등하시다. 여기에서는 십행보살을 큰 힘을 얻은 이[大力人]라고 표현하였다.


### 4) 수행의 근본을 말하다

보 견 무 량 무 변 계　　일 체 제 유 급 제 취
**普見無量無邊界**에　　**一切諸有及諸趣**하고

견이기심불분별　　　피무동자행사도
**見已其心不分別**하니　　**彼無動者行斯道**로다

한량없고 그지없는 모든 세계의
일체 모든 존재들과 모든 갈래 두루 보며
보고 나서 그 마음에 분별없나니
저 동요하지 않는 이가 이 도를 행하도다.

　부처님은 한량없고 그지없는 무량한 세계의 욕계중생 색계중생 무색계중생과 그리고 지옥 아귀 축생 등 온갖 갈래의 생명들을 다 살펴보신다. 다 보시고 그 마음에 아무런 차별이 없다. 그와 같은 이치를 알아 동요가 없는 십행보살이 이 도를 행한다. 여기서는 십행보살을 동요함이 없는 이[無動者]라고 하였다.


법계소유개명료　　　어제일의최청정
**法界所有皆明了**하고　　**於第一義最淸淨**하야

영파진만급우치　　　피공덕자행사도
**永破瞋慢及愚癡**하니　　**彼功德者行斯道**로다

법계에 있는 것을 분명히 알고
제일가는 이치에 가장 청정해
진심과 교만과 어리석음을 길이 파하니
저 공덕 갖춘 이가 이 도를 행하도다.

　　제일의第一義란 제일의제第一義諦 또는 승의제勝義諦, 진제眞諦라고도 한다. 뛰어난 도리, 최고의 도리, 궁극의 도리, 가장 뛰어난 진실의 도리, 진리 등으로 해석한다. 부처님은 이 진리에 가장 뛰어나신 분이다. 온 법계를 명료하게 꿰뚫고 있기 때문이다. 그러므로 분노와 교만과 어리석음과 같은 번뇌는 영원히 깨뜨려 없다. 그것을 배우는 십행보살을 또 훌륭한 공덕을 갖춘 이[功德者]라고 표현하였다.

어제중생선분별　　실입법계진실성
**於諸衆生善分別**하고　**悉入法界眞實性**하야

자연각오불유타　　피등공자행사도
**自然覺悟不由他**하니　**彼等空者行斯道**로다

여러 가지 중생을 잘 분별하고

법계의 참성품에 모두 들어가
자연히 깨닫고 다른 이를 의지하지 않았으니
저 허공과 평등한 이가 이 도를 행하도다.

부처님은 중생을 잘 분별하신다. 법계의 진실성에도 다 들어가시고 스스로 그러히 깨달아서 다른 이를 의지하지 않았다. 부처님은 이와 같은 도를 닦았다. 여기서는 십행보살을 허공과 평등한 이[等空者]라고 표현하였다.

진공소유제국토
**盡空所有諸國土**에

실왕설법광개유
**悉往說法廣開喩**호대

소설청정무능괴
**所說淸淨無能壞**하니

피승모니행차도
**彼勝牟尼行此道**로다

온 허공에 널려 있는 모든 국토에
모두 가서 법을 설해 알게 하시매
말씀이 청정하여 깰 수 없나니
저 수승한 모니牟尼께서 이 도를 행하도다.

부처님은 진법계 허공계에 다 가서 법을 설하여 걸림이 없다. 설법이 훌륭하여 아무도 깨뜨릴 수 없다. 여기서는 십행보살을 수승한 모니[勝牟尼]라고 표현하였다.

구족견고불퇴전　　　　　　성취존중최승법
**具足堅固不退轉**하야　　　**成就尊重最勝法**하고

원력무진도피안　　　　　　피선수자소행도
**願力無盡到彼岸**하니　　　**彼善修者所行道**로다

완전하게 견고하여 퇴전치 않아
가장 좋고 존중한 법 성취하나니
원력이 그지없어 저 언덕에 가니
수행을 잘하는 이가 이 도를 행하도다.

신심이 견고하고 또 견고하여 불법에서 결코 퇴전하지 않아 가장 수승하고 존귀한 법을 성취하셨다. 그 원력 끝이 없어서 저 언덕에 이르시었다. 여기서는 그것을 배우는 십행보살을 수행을 잘하는 이[善修者]라고 표현하였다.

무량무변일체지      광대심심묘경계
**無量無邊一切地**와      **廣大甚深妙境界**를

실능지견미유유      피논사자소행도
**悉能知見靡有遺**하니      **彼論獅子所行道**로다

한량없고 그지없는 이 땅덩이의
넓고 크고 깊고 깊은 미묘한 경계
모두 다 알고 보아 남김 없나니
저 논리의 사자가 이 도를 행하도다.

우리가 사는 이 자연환경은 분야마다 깊이 살펴보면 참으로 오묘하고 불가사의하다. 부처님은 그 모든 사실을 모두 다 안다. 그것을 배우는 십행보살을 논리의 사자[論獅子]라고 하였다.


일체구의개명료      소유이론개최복
**一切句義皆明了**하야      **所有異論皆摧伏**하고

어법결정무소의      피대모니행차도
**於法決定無所疑**하니      **彼大牟尼行此道**로다

일체의 구절과 뜻 모두 분명히 알고

여러 가지 다른 논리를 모두 꺾어 굴복하고
교법教法에 분명하여 걸림 없나니
저 크신 모니께서 이 도를 행하도다.

부처님이 설하신 경전의 글귀와 그 뜻은 이치가 분명하여 다른 종교나 외도들의 주장으로는 도저히 꺾을 수 없다. 그 법이 확실하여 의혹이 없다. 그래서 불교를 매우 뛰어난 이론 때문에 철학이라고 하기도 한다. 여기서는 십행보살을 대모니大牟尼라고 표현하였다.

게송에서 십행법문을 거듭 설하기 전에 십행법문의 뜻이 광대하고 그 연원이 깊음을 설하는 게송이 이제 끝났다. 지금부터 십행의 내용을 하나하나 다시 게송으로 설한다.

### 5) 제1 환희행歡喜行을 말하다

(1) 재물의 보시

원 리 세 간 제 과 환　　　　보 여 중 생 안 은 락
**遠離世間諸過患**하고　　**普與衆生安隱樂**하야

능 위 무 등 대 도 사 　　　　피 승 덕 자 행 사 도
**能爲無等大導師**하니　　**彼勝德者行斯道**로다

세간의 모든 걱정 멀리 여의고
중생들께 편안한 즐거움을 널리 주어서
짝이 없이 크신 도사 능히 되나니
저 수승한 공덕 가진 이가 이 도를 행하도다.

　제1 환희행은 보시바라밀을 주主바라밀로 하고 나머지 바라밀은 조助바라밀로 한다. 게송에서도 환희행에서 보시를 설하였다. 옛날 어느 왕이 말하기를, "온 천하의 물건이 다 짐의 것이지만 그래도 말라빠진 곶감 하나라도 갖다 주는 사람이 예쁘게 보이더라."라고 하였다. 무엇인가를 베푼다는 것은 이와 같이 중요하다. 재물로써 중생을 안락하게 한다. 여기에서는 십행보살을 수승한 공덕을 가진 승덕자勝德者라고 표현하였다.

## (2) 두려움 없는 보시

항이무외시중생
**恒以無畏施衆生**하야

보령일체개흔경
**普令一切皆欣慶**하고

기심청정이염탁
**其心淸淨離染濁**하니

피무등자행사도
**彼無等者行斯道**로다

두려움 없으므로 중생에게 보시하여

모든 이로 하여금 기쁘게 하되

그 마음 청정하여 혼탁 없나니

저 같을 이 없는 이가 이 도를 행하도다.

두 번째는 무외시無畏施다. 천재지변이 일어나거나 교통사고, 선박 사고, 화재, 풍재, 수재 등 예상하지 못한 사고를 당하여 사람들이 고통과 두려움에 떨고 있을 때 두려움을 없애 주고 안위를 주어 그들의 마음을 위로하여 준다면 이 또한 큰 보시이리라. 여기서는 십행보살을 무등자無等者라고 표현하였다.

의업청정극조선
**意業淸淨極調善**하고　　**離諸戱論無口過**하며
이제희론무구과

위광원만중소흠
**威光圓滿衆所欽**이니　　**彼最勝者行斯道**로다
피최승자행사도

뜻의 업이 청정하여 조화롭고 선량하며

모든 희롱 여의어 말이 점잖고

위의威儀가 원만하여 대중이 공경하니

저 가장 훌륭한 이가 이 도를 행하도다.

다른 사람들에게 두려움이 없는 보시를 행하려면 자신이 먼저 뜻의 업이 청정하여 조화롭고 선량하며 모든 희롱 여의어 말이 점잖고 위의威儀가 원만하여 대중이 공경하는 어른이 되어야 한다. 여기서는 십행보살을 최승자最勝者라고 표현하였다.

(3) 법의 보시

입진실의도피안
**入眞實義到彼岸**하고　　**住功德處心永寂**하야
주공덕처심영적

제 불 호 념 항 불 망　　　피 멸 유 자 행 사 도
**諸佛護念恒不忘**하시나니 **彼滅有者行斯道**로다

진실한 뜻에 들어 저 언덕에 이르고
공덕에 머물러서 마음도 고요하여
부처님이 호념하사 항상 잊지 않나니
저 모든 유有를 멸한 이가 이 도를 행하도다.

다음은 법의 보시다. 부처님은 법을 보시하려고 이 세상에 오신 분이다. 그러므로 불교인이라면 법을 배워 사람들에게 법을 보시하는 것이 부처님의 제자 된 도리이다. 여기서는 십행보살을 멸유자滅有者, 일체 존재를 공한 것으로 보는 분으로 표현하였다. 불교의 법 중에 가장 먼저 존재의 공성을 알아야 하기 때문이다.

원 리 어 아 무 뇌 해　　　항 이 대 음 선 정 법
**遠離於我無惱害**하고 **恒以大音宣正法**호대

시 방 국 토 미 부 주　　　피 절 비 자 행 사 도
**十方國土靡不周**하니 **彼絶譬者行斯道**로다

나를 멀리 여의어 고뇌와 폐해가 없고

항상 큰 음성으로 바른 법을 설하시어

시방의 모든 국토 두루 했으니

저 비유할 수 없는 이가 이 도를 행하도다.

법을 보시하는 것 중에 "나를 멀리 여의어 고뇌와 폐해가 없다."는 것은 일체 존재는 모두 합성된 것이어서 고정된 실체가 없는 줄을 아는 것이다. 그와 같이 알면 일체 고뇌와 폐해가 없다. 십행보살을 절비자絶譬者라고 하였다. 세상 그 무엇으로도 비유할 수 없는 분이다.


(4) 인과因果가 원만하다

단 바 라 밀 이 성 만　　　　백 복 상 호 소 장 엄
**檀波羅蜜已成滿**하야　　**百福相好所莊嚴**이라

중 생 견 자 개 흔 열　　　　피 최 승 혜 행 사 도
**衆生見者皆欣悅**하나니　**彼最勝慧行斯道**로다

보시바라밀다를 이미 만족하고

백 가지 복된 상호 장엄했으며

중생들 보는 이가 모두 기뻐해

저 수승한 지혜 얻은 이가 이 도를 행하도다.

보시바라밀다를 만족하게 닦으면 그 결과로 백 가지 복된 상호를 장엄하게 된다. 그래서 중생들은 그를 보고 모두 기뻐하게 된다. 십행보살을 최승혜最勝慧라고 하였다. 보시할 줄 아는 사람은 가장 훌륭한 지혜를 구족한 사람이다.


### 6) 제2 요익행饒益行을 말하다

(1) 율의律儀를 섭攝하는 계

지 지 심 심 난 가 입  
**智地甚深難可入**이어늘  

능 이 묘 혜 선 안 주  
**能以妙慧善安住**하야  

기 심 구 경 부 동 요  
**其心究竟不動搖**하니  

피 견 고 행 행 사 도  
**彼堅固行行斯道**로다  

깊고 깊은 지혜의 땅에 들기 어려운데

묘한 지혜로써야 잘 머무나니

그 마음 끝까지 동요치 않아

저 수행 견고한 이가 이 도를 행하도다.

제2 요익행饒益行은 지계바라밀이 주바라밀이고 나머지는 조바라밀이다. 그러므로 율의에 대하여 설하였다. 십행보살을 계율의 관점에서는 견고행堅固行이라고 표현하였다. 계에는 삼취정계三聚淨戒로서 섭율의계攝律儀戒와 섭선법계攝善法戒와 섭중생계攝衆生戒로 나뉜다. 처음은 율의를 섭하는 계로서 섭율의계다.


### (2) 착한 법을 섭하는 계

법 계 소 유 실 능 입　　　수 소 입 처 함 구 경
**法界所有悉能入**호대　**隨所入處咸究竟**하야

신 통 자 재 미 불 해　　　피 법 광 명 행 차 도
**神通自在靡不該**하니　**彼法光明行此道**로다

법계에 간 데마다 다 들어가며
들어가는 곳에는 끝까지 가서
신통이 자재하여 다 포함하니
저 법의 광명 가진 이가 이 도를 행하도다.

다음은 섭선법계攝善法戒로서 착한 법을 섭하는 계다. 착한 법이란 가르침의 법이 모든 법계에 다 펼쳐지는 것을 목적으로 한다. 그래서 십행보살을 법광명法光明이라고 표현하였다.

제 무 등 등 대 모 니　　　　근 수 삼 매 무 이 상
**諸無等等大牟尼**가　　　**勤修三昧無二相**하야

심 상 재 정 락 적 정　　　　피 보 견 자 행 사 도
**心常在定樂寂靜**하니　　**彼普見者行斯道**로다

같을 이 없이 같은 대모니大牟尼께서
부지런히 삼매 닦아 두 모양 없고
마음은 항상 선정에서 적정을 즐기니
저 두루 다 보는 이가 이 도를 행하도다.

삼매를 부지런히 닦아서 모든 차별상을 뛰어넘은 부처님을 무등등無等等, 즉 같을 이 없이 같은 이라고 하며, 마음에 항상 적정함을 즐긴다. 십행보살을 보견자普見者라고 하였다.

(3) 중생을 이익하게 하는 계

미 세 광 대 제 국 토　　　　갱 상 섭 입 각 차 별
**微細廣大諸國土**가　　**更相涉入各差別**이어늘

여 기 경 계 실 요 지　　　　피 지 산 왕 행 차 도
**如其境界悉了知**하니　　**彼智山王行此道**로다

미세하고 광대한 여러 국토가
서로서로 섭입涉入해도 제각기 차별한
그러한 경계들을 모두 아나니
저 지혜 산의 왕이 이 도를 행하도다.

다음은 섭중생계攝衆生戒다. 중생을 이익하게 하는 일이 곧 계율이다. 광대한 여러 국토에 두루 들어가서 서로서로 상즉상입相卽相入하면서 하나가 되기도 하고 둘이 되기도 하여 중생을 이롭게 한다. 여기서는 십행보살을 지산왕智山王이라고 표현하였다.


(4) 세 가지의 계를 맺다

의 상 명 결 이 제 구　　　　어 삼 계 중 무 소 착
**意常明潔離諸垢**하야　　**於三界中無所着**하고

호 지 중 계 도 피 안
**護持衆戒到彼岸**하나니   **此淨心者行斯道**로다
차 정 심 자 행 사 도

뜻은 항상 깨끗하여 때를 여의고
삼계에서 조금도 집착이 없어
모든 계율 지니고 저 언덕에 이르니
마음 깨끗한 이가 이 도를 행하도다.

제불통계諸佛通戒라는 게송이 있다. "모든 악을 짓지 말고 온갖 선을 받들어 행하며 스스로 그 뜻을 청정하게 하라. 이 것이 모든 부처님의 가르침이다."[9] 삼취정계를 결론지어 밝 힌다면 곧 제불통계의 뜻이 될 것이다. 여기서는 십행보살을 마음이 텅 비어 청정한 이라는 정심자淨心者라고 표현하였다.

### 7) 제3 무위역행無違逆行을 말하다

지 혜 무 변 불 가 설
**智慧無邊不可說**이라   **普徧法界虛空界**어늘
보 변 법 계 허 공 계

---

9) 諸惡莫作 衆善奉行 自淨其意 是諸佛敎.

선 능 수 학 주 기 중　　　　피 금 강 혜 행 사 도
**善能修學住其中**하니　　**彼金剛慧行斯道**로다

지혜가 끝이 없고 말할 수 없어

법계와 허공계에 가득하거늘

잘 닦아 배우고서 거기에 머무나니

저 금강지혜 있는 이가 이 도를 행하도다.

　　제3 무위역행無違逆行은 인욕을 수행하는 단계이다. 지혜가 무변하여 법계와 허공계에 두루 하면서 어디에 있든지 언제나 배우고 닦아 익힌다. 필자는 학인들이 방학을 맞아 인사를 오면 한결같은 당부가 "공부에 성공하려면 자투리 시간을 잘 활용하라."는 것이다. 언제 어디서나 잘 닦고 배우는 것은 뛰어난 지혜다. 여기서는 십행보살을 금강혜金剛慧라고 하였다.


삼 세 일 체 불 경 계　　　　지 혜 선 입 실 주 변
**三世一切佛境界**에　　**智慧善入悉周徧**호대

미 상 잠 기 피 염 심　　　　피 최 승 자 행 사 도
**未嘗暫起疲厭心**하니　　**彼最勝者行斯道**로다

삼세 일체 부처님 깊은 경계에
지혜로 잘 들어가 두루 하고서
잠깐도 피곤한 마음 내지 않나니
저 가장 수승한 이가 이 도를 행하도다.

불교를 공부하는 일은 참으로 넓고 크고 깊고 높다. 과거 현재 미래의 모든 부처님의 깨달으시고 가르치신 경계에 지혜로 다 들어가서 낱낱이 섭렵해야 한다. 그러면서 조금도 피곤해하거나 싫증을 내는 마음이 없어야 한다. 이것이 인욕의 극치며 가장 보람 있는 인욕이다. 여기서는 십행보살을 최승자最勝者라고 표현하였다.

선 능 분 별 십 력 법
**善能分別十力法**하고

요 지 일 체 지 처 도
**了知一切至處道**하야

신 업 무 애 득 자 재
**身業無礙得自在**하니

피 공 덕 신 행 차 도
**彼功德身行此道**로다

열 가지 힘의 법을 잘 분별하고
온갖 곳에 이르는 길 분명히 알며

몸으로 하는 일 걸림 없이 자재하나니
저 공덕의 몸 이룬 이가 이 도를 행하도다.

열 가지 힘의 법이란 부처님의 능력을 나타낼 때 가장 자주 등장하는 열 가지 지혜의 힘이다. 열 가지 힘 안에는 중생들의 여러 가지 행업行業으로 어디에 가서 나게 되는지를 다 아는 지혜의 능력[一切至處道]이 있다. 변취행지력遍趣行智力이라고도 하는 것이다. 십행보살을 공덕신功德身이라고 표현하였다.

시방무량무변계　　소유일체제중생
**十方無量無邊界**에　　**所有一切諸衆生**을
아개구호이불사　　피무외자행사도
**我皆救護而不捨**하니　　**彼無畏者行斯道**로다

시방에 한량 없고 끝없는 세계
거기 있는 일체 모든 중생들
내가 다 구호하여 버리지 않나니
저 두려움 없는 이가 이 도를 행하도다.

부처님의 큰 서원은 시방세계에 있는 모든 중생을 다 교화하고 제도하여 구호하는 것이다. 어찌 한 사람인들 버릴 수 있겠는가. 십행보살을 무외자無畏者라고 하였다.

### 8) 제4 무굴요행無屈撓行을 말하다

어 제 불 법 근 수 습　　심 상 정 진 불 해 권
**於諸佛法勤修習**하고　　**心常精進不懈倦**하야

정 치 일 체 제 세 간　　피 대 용 왕 행 차 도
**淨治一切諸世間**하니　　**彼大龍王行此道**로다

모든 부처님의 법을 부지런히 닦아 익히되
마음은 언제나 정진하여 게으르지 않고
일체 모든 세간을 깨끗이 다스리나니
저 크나큰 용왕이 이 도를 행하도다.

구부러짐이 없이 반듯한 행이다. 정진은 쉬지 않고 끊임없이 앞으로 또 앞으로 나아가는 것이다. 그래서 부처님의 법을 부지런히 닦아 익히되 마음은 언제나 정진하여 게으르지 않는다고 한 것이다. 여기서는 십행보살을 대용왕大龍王이라고 하였다.

>  요 지 중 생 근 부 동
>  **了知衆生根不同**과       욕 해 무 량 각 차 별
>                          **欲解無量各差別**하며
>  종 종 제 계 개 명 달
>  **種種諸界皆明達**하니     차 보 입 자 행 사 도
>                          **此普入者行斯道**로다

중생들의 근성이 같지 않고
욕망과 이해들도 제각기 차별하며
가지가지 세계를 밝게 아나니
이 널리 들어간 이가 이 도를 행하도다.

실로 중생들은 수준과 근기가 같은 이가 없다. 욕망과 이해도 모두 다르다. 부처님은 중생들의 세계가 가지가지로 다른 것을 환하게 알고 있다. 알맞게 가르치고 교화하려면 먼저 중생의 수준과 근기를 아는 것이 중요하다. 그래서 여기에서는 십행보살을 중생들의 근기에 널리 들어간다는 보입자普入者라고 하였다.

시 방 세 계 무 량 찰　　　실 왕 수 생 무 유 수
**十方世界無量刹**에　　**悉往受生無有數**호대

미 증 일 념 생 피 염　　　피 환 희 자 행 사 도
**未曾一念生疲厭**하니　**彼歡喜者行斯道**로다

시방에 한량없는 모든 세계에

모두 가서 태어나는 수효가 그지없건만

일찍이 한 생각도 싫은 마음 없나니

저 즐거워하는 이가 이 도를 행하도다.

  부처님은 중생들을 제도하기 위하여 한량없는 시방세계에 낱낱이 다 가서 태어난다. 그러나 한 번도, 한 생각도 피로해하거나 싫은 생각 내어 본 적이 없다. 중생을 교화하려는 크나큰 원력이 있기 때문이다. 그래서 기쁜 마음으로 중생 교화를 한다고 해서 십행보살을 환희자歡喜者라고 하였다.

보 방 무 량 광 명 망　　　조 요 일 체 제 세 간
**普放無量光明網**하야　**照耀一切諸世間**호대

기 광 소 조 입 법 성  차 선 혜 자 행 사 도
**其光所照入法性**하니  **此善慧者行斯道**로다

한량없는 광명그물 두루 놓아서
일체의 세계들을 환히 비추고
비치는 광명 따라 법성法性에 드니
이 좋은 지혜 얻은 이가 이 도를 행하도다.

  화엄경에는 부처님의 덕화와 부처님의 가르침과 부처님의 지혜와 자비 등을 상징적으로 광명으로 표현하는 내용이 대단히 많다. 그냥 단순한 광명만을 가지고 경전에서 그렇게 여러 번 말할 필요는 없기 때문이다. 어리석어서 캄캄한 밤과 같은 세상을 태양과 같은 밝은 가르침의 빛으로 환하게 밝히는 것이 불교다. 그 가르침의 빛은 존재의 법성생명 속에 깊이깊이 들어가게 한다. 그래서 십행보살을 훌륭한 지혜라는 뜻의 선혜자善慧者라고 하였다.


진 동 시 방 제 국 토  무 량 억 수 나 유 타
**震動十方諸國土**를  **無量億數那由他**호대

불 령 중 생 유 경 포 　　　　차 이 세 자 소 행 도
**不令衆生有驚怖**하니　　**此利世者所行道**로다

시방세계 모든 국토
한량없는 억 나유타를 진동하되
중생들은 놀라지 않게 하나니
세상에 이익 주는 이가 이 도를 행하도다.

　십행법문을 설하고 나니 시방세계가 6종 18상으로 진동하였다. 그러나 중생들은 놀라거나 두려워하지 않는다. 일체 중생에게 큰 이익과 감동과 환희를 줄 뿐이다. 세상에 이익을 준다고 하여 십행보살을 이세자利世者라고 하였다.


### 9) 제5 이치란행離癡亂行을 말하다

선 해 일 체 어 언 법 　　　　문 난 수 대 실 구 경
**善解一切語言法**하야　　**問難酬對悉究竟**하며

총 철 변 혜 미 부 지 　　　　차 무 외 자 소 행 도
**聰哲辯慧靡不知**하니　　**此無畏者所行道**로다

일체의 말하는 법 잘 체득하여
질문과 대답을 모두 완성하며
총명, 현철, 변재, 지혜에 모두 아나니
두려움 없는 이가 이 도를 행하도다.

중생 제도를 위해서는 일체 언어를 잘 알고 상대의 질문에 대답도 능숙해야 한다. 부처님은 총명, 현철, 변재, 지혜에 모르는 바가 없다. 그래서 어떤 이가 질문하고 따지더라도 두려움이란 없다. 그러므로 십행보살을 무외자無畏者라고 하였다.

선 해 복 앙 제 국 토
**善解覆仰諸國土**하야

분 별 사 유 득 구 경
**分別思惟得究竟**하고

실 사 주 어 무 진 지
**悉使住於無盡地**하니

차 승 혜 자 소 행 도
**此勝慧者所行道**로다

엎어지고 잦혀진 모든 세계 잘 이해하여
분별하고 사유하여 끝까지 얻고
다함이 없는 땅에 머물게 하니

좋은 지혜 있는 이가 이 도를 행하도다.

중생들의 업을 따라 그들이 사는 국토도 여러 가지 모양이다. 마치 사람들이 사는 집집마다의 환경이 모두 다른 것과 같다. 부처님은 그 모든 다른 형태의 국토를 분별하고 사유하여 그 내용을 철저히 다 안다. 그 얼마나 수승하고 훌륭한 지혜인가. 그래서 여기서는 십행보살을 승혜자勝慧者라고 하였다.

### 10) 제6 선현행善現行을 말하다

공덕무량나유타<br>
**功德無量那由他**를

위구불도개수습<br>
**爲求佛道皆修習**하야

어기일체도피안<br>
**於其一切到彼岸**하니

차무진행소행도<br>
**此無盡行所行道**로다

공덕이 한량없는 나유타인데

불도佛道를 구하려고 모두 닦았고

그 모든 것에서 저 언덕에 이르렀으니

다함없는 행을 닦은 이가 이 도를 행하도다.

공덕의 내용이 무량무변하다. 그 양도 무량무변하다. 그 모든 공덕은 오직 불도를 구하기 위해서 남김없이 다 닦는다. 그렇게 닦은 일체 공덕으로 저 언덕에 이른다. 그것이 다함없는 공덕의 행이다. 그래서 여기에서는 십행보살을 무진행無盡行이라고 하였다.

초 출 세 간 대 논 사　　　　변 재 제 일 사 자 후
**超出世間大論師**가　　　　**辯才第一獅子吼**로

보 사 군 생 도 피 안　　　　차 정 심 자 소 행 도
**普使群生到彼岸**하나니　　**此淨心者所行道**로다

세상에 뛰어난 큰 논사論師며

제일가는 변재로 사자후獅子吼하여

많은 중생 저 언덕에 이르게 하니

마음 깨끗한 이가 이 도를 행하도다.

선현행善現行이란 법을 잘 나타낸다는 뜻이다. 법을 세상

에 잘 나타내려면 뛰어난 이론가가 되어야 한다. 그리고 그 변재와 설법이 그야말로 사자후가 되어서 삿된 법을 주장하거나 좁디좁은 견해로 불법을 말하는 사람들을 능히 굴복시켜야 한다. 영가永嘉스님은 증도가證道歌에서,

"사자의 두려움 없는 설법이여,

백 가지 짐승들은 설법을 듣고 뇌가 다 찢어지며

코끼리는 어지럽게 달아나 그 위의를 실각하며

하늘의 용은 고요히 듣고 기뻐하도다."[10]

라고 표현하였다.

백 가지 짐승들은 소승 성문들이며, 코끼리는 연각들이며, 하늘의 용은 보살들이다. 불교를 공부해도 사람들의 근기에 따라 듣고 받아들이는 자세가 이와 같이 각각 다르다. 십행보살을 정심자淨心者라고 하였다.

---

10) 獅子吼無畏說이여 百獸聞之皆腦裂하고 香象奔波失脚威하며 天龍寂聽生欣悅이로다.

## 11) 제7 무착행無着行을 말하다

**諸佛灌頂第一法**에 <sub>제불관정제일법</sub>　　**已得此法灌其頂**하고 <sub>이득차법관기정</sub>

**心恒安住正法門**하니 <sub>심항안주정법문</sub>　　**彼廣大心行此道**로다 <sub>피광대심행차도</sub>

모든 부처님이 관정灌頂하는 제일가는 법

그 법으로 정수리에 물을 부었고

마음이 바른 법에 항상 머무니

저 광대한 마음 가진 이가 이 도를 행하도다.

부처님께서 중생들을 가르쳐 보살이 되게 하고, 다시 보살을 가르쳐 관정위를 수기한다. 그것은 곧 왕이 세자에게 나라를 물려 주는 의식인, 머리에 동서남북 네 바다의 물을 부어 주는 것과 같은 격이다. 그와 같은 지위에까지 오르면 부처님의 정법에 항상 편히 머무는 일이다. 실로 광대한 마음이 되어야 한다. 그래서 십행보살을 광대심廣大心이라고 표현하였다.

일체중생무량별　　요달기심실주변
**一切衆生無量別**을　**了達其心悉周徧**하고

결정호지불법장　　피여수미행차도
**決定護持佛法藏**하나니　**彼如須彌行此道**로다

일체 중생 한량없이 차별하거늘
그 마음 통달하여 두루 하였고
결정코 부처님 법장 수호하나니
저 수미산 같은 이가 이 도를 행하도다.

일체 중생들이 한량없이 각각 다르지만 한량없는 그 마음을 다 통달하였고, 또한 부처님의 모든 가르침인 대장경을 잘 호지한다. 그와 같은 우뚝한 행을 표현하여 십행보살을 수미행須彌行이라 하였다.

능어일일어언중　　보위시현무량음
**能於一一語言中**에　**普爲示現無量音**하야

영피중생수류해　　차무애견행사도
**令彼衆生隨類解**하나니　**此無礙見行斯道**로다

하나하나 말하는 소리 가운데
한량없는 음성을 나타내어서
중생들이 종류 따라 알게 하나니
이것은 걸림 없이 보는 이가 이 도를 행하도다.

부처님은 설법을 낱낱이 일음一音으로 연설하신다. 그 일음 가운데 한량없는 소리를 널리 나타내 보인다. 저 많고 많은 중생들은 각자의 종류를 따라 이해한다. 십행보살이 중생을 걸림이 없이 봄으로 그와 같은 일이 가능하다. 그래서 십행보살을 무애견無礙見이라 하였다.

일 체 문 자 어 언 법　　　지 개 선 입 불 분 별
**一切文字語言法**에　　　**智皆善入不分別**하고

주 어 진 실 경 계 중　　　차 견 성 자 소 행 도
**住於眞實境界中**하니　　**此見性者所行道**로다

갖가지 문자들과 말하는 법을
지혜로써 들어가나 분별하지 않고
진실한 경계 속에 머물렀으니

이것은 성품을 보는 이가 행하는 길이로다.

세상의 문자와 말은 참으로 여러 가지다. 세상에 문자로 기록한 책들이 얼마나 많은가. 그렇게 많은 기록들이 있건만 매일매일 쏟아져 나오는 것이 언어요, 문자다. 중생들을 교화하는 보살은 그 모든 것에 차별 없이 잘 들어가서 이해하고 소화한다. 그것이 진실한 경계에 머무는 일이다. 여기서는 십행보살을 문자나 언어의 본성을 잘 보는 견성자見性者라고 하였다.


### 12) 제8 난득행難得行을 말하다

(1) 자신 수행의 원願

안 주 심 심 대 법 해
**安住甚深大法海**하야

선 능 인 정 일 체 법
**善能印定一切法**호대

요 법 무 상 진 실 문
**了法無相眞實門**하니

차 견 실 자 소 행 도
**此見實者所行道**로다

깊고 큰 법의 바다에 머물러 있어

일체 법을 능히 다 인정했으며
모양 없고 진실한 법 분명히 아니
이것은 실상實相을 보는 이가 행하는 길이로다.

 난득행의 내용을 다섯으로 나누어 본다. 첫째는 자신 수행의 원이다. 자신의 수행은 깊고 깊은 큰 법의 바다에 안주하여 일체 법을 확실하게 인정하나 형상 없는 진실의 법을 깨달아 아는 것이다. 8만4천 대장경을 이해하고 받아들이는 자세가 이와 같아야 한다. 그래서 여기서는 법의 진실을 본다고 하여 십행보살을 견실자見實者라고 하였다.

### (2) 신통을 일으키는 원

일 일 불 토 개 왕 예
**一一佛土皆往詣**하야

진 어 무 량 무 변 겁
**盡於無量無邊劫**토록

관 찰 사 유 미 잠 정
**觀察思惟靡暫停**하니

차 비 해 자 소 행 도
**此匪懈者所行道**로다

하나하나 불국토에 모두 나아가
끝이 없는 무량겁이 다할 때까지

관찰하고 생각하기 쉬지 않나니
게으르지 않은 이가 행하는 길이로다.

여기서부터 네 게송은 신통을 일으키는 원이다. 난득행의 법은 낱낱 불국토에 다 나아가는 일을 무량무수 겁이 다 할 때까지 한다. 그래서 일일이 관찰하고 사유하여 잠깐도 쉬지 않는다. 이 행을 닦는 십행보살을 비해자匪懈者, 게으르지 않은 이라고 하였다.

무량무수제여래
**無量無數諸如來**의

종종명호각부동
**種種名號各不同**을

어일모단실명견
**於一毛端悉明見**하니

차정복자소행도
**此淨福者所行道**로다

한량없고 수없는 모든 여래의
가지가지 명호가 각각 같지 않거늘
한 털끝에 모두 다 밝게 보나니
깨끗한 복 가진 이가 행하는 길이로다.

하나의 작은 터럭 끝에서 무량하고 무수하여 가지가지로 명호가 다른 모든 여래를 다 환하게 본다. 한 작은 먼지 속에서 시방세계를 보는 이치와 같다. 한 인간을 드넓은 우주에서 헤아릴 수 없이 많은 생명체와 비교해 본다면 얼마나 보잘것없는 존재인가. 참으로 한 터럭 끝이요, 작은 먼지다. 그러나 그 한 인간은 곧 또 하나의 우주다. 무량무수한 생명체가 그 안에 있고, 낱낱 생명체에서는 순간순간 생로병사를 거듭하면서 수많은 사연이 연출되고 있다. 인간뿐만 아니라 천지만물 모든 존재가 또한 그와 같다. 이와 같은 이치를 알고 행하는 십행보살을 진정 청정한 복을 가진 정복자淨福者라고 하였다.

일 모 단 처 견 제 불
**一毛端處見諸佛**호대

기 수 무 량 불 가 설
**其數無量不可說**이며

일 체 법 계 실 역 연
**一切法界悉亦然**하니

피 제 불 자 행 사 도
**彼諸佛子行斯道**로다

한 털끝만 한 곳에서 모든 부처님을 보되

그 수효 한량없어 말할 수 없고

일체의 법계에도 다 그러하니
저 모든 불자들이 이 길을 행하도다.

앞의 게송에서 설명한 바와 같은 이치가 일체 법계에서도 또한 그와 같다는 뜻이다. 이러한 이치를 모든 불자들이 다 이해하고 실천하는 것이라는 뜻으로 십행보살을 제불자諸佛子라고 하였다.

무량무변무수겁
**無量無邊無數劫**을
어일념중실명견
**於一念中悉明見**하야
지기수촉무정상
**知其修促無定相**하니
차해탈행소행도
**此解脫行所行道**로다

한량없고 끝없고 수없는 겁을
한 생각 가운데서 다 밝게 보고
길고 짧아[修促] 일정하지 않음을 아니
이것은 해탈행을 얻은 이가 행하는 길이로다.

앞의 게송이 공간적인 면만을 이야기하였다면 이 게송은

시간적인 입장에서 한량없고 끝없고 셀 수 없는 겁을 한순간에 다 밝게 봄을 밝혔다. 보살의 경지에서는 긴 시간과 짧은 시간이 일정한 모양이 없다. 일념이 곧 한량없는 겁이고 한량없는 겁이 곧 일념이라고 하였듯이 시공간을 모두 해탈하였다. 시간에 자재하고 공간에 자재하다. 그래서 십행보살을 해탈행解脫行이라고 하였다.

### (3) 밖으로 교화教化하는 원

능 령 견 자 무 공 과
**能令見者無空過**하야

개 어 불 법 종 인 연
**皆於佛法種因緣**호대

이 어 소 작 심 무 착
**而於所作心無着**하니

피 제 최 승 소 행 도
**彼諸最勝所行道**로다

보는 이로 하여금 헛되게 하지 않고
모두 다 불법에 좋은 인연 심게 하지만
하는 일에 마음이 집착 없나니
저 모든 것 수승한 이가 행하는 길이로다.

부처님을 친견하는 사람은 그 누구나 헛되게 하지 않고

온갖 불법에 훌륭한 인연을 심어야 한다. 단순하게 불법을 만나는 것으로 좋은 인연이라고 생각하지 말고 높고 깊은 법에 수승한 인연을 심는 것이 중요하다. 불법의 세계가 얼마나 넓고 수승한가. 한 가지 경전을 깊이 연구하여 통달하거나, 한 분야에서 전문가의 경지에 오를 수도 있는 그 많은 시간을 왜 헛되게 보내는가. 불법을 만났다면 누구나 어느 분야든 가장 수승한 사람, 십행보살처럼 제최승諸最勝이 되어야 한다.


### (4) 보리菩提를 구하는 원

나 유 타 겁 상 우 불  
**那由他劫常遇佛**호대

종 불 일 념 생 피 염  
**終不一念生疲厭**하야

기 심 환 희 전 갱 증  
**其心歡喜轉更增**하니

차 불 공 견 소 행 도  
**此不空見所行道**로다

나유타 겁에 항상 부처님을 만나되  
마침내 잠깐도 싫은 마음 내는 일 없고  
그 마음 환희하여 더욱 증장해  
이것은 헛되이 보지 않는 이가 행하는 길이로다.

불법과 인연을 맺은 사람은 누구나 오랜 세월 부처님이나 또는 여러 가지 불법을 만나게 된다. 그래도 신심이 뛰어난 사람은 결코 싫증을 내거나 피곤해하지 않는다. 언제나 신심으로 환희에 넘친다. 결코 헛된 시간을 보내서는 안 된다. 불법이라는 보물창고에 들어와서 왜 빈손으로 돌아가는가. 안타깝기 그지없다. 십행보살을 헛되이 보지 않는다는 불공견不空見이라고 하는 뜻이 여기에 있다.

### (5) 중생을 성숙시키는 원

진 어 무 량 무 변 겁
**盡於無量無邊劫**토록

관 찰 일 체 중 생 계
**觀察一切衆生界**호대

미 증 견 유 일 중 생
**未曾見有一衆生**하니

차 견 고 사 소 행 도
**此堅固士所行道**로다

한량없고 끝없는 겁 다할 때까지
일체의 중생세계 관찰하지만
한 중생도 있다고 보지 않나니
이것은 견고한 선비가 행하는 길이로다.

부처님이 일체 중생을 한량없는 겁 동안 관찰하며 교화하지만 한 중생도 실재한다고 보지 않는다. 그것은 곧 공관空觀이다. 또 그 모든 중생을 모두 부처님이라고 관찰하는 입장도 있다. 그것은 곧 중도관中道觀이다. 이것은 견고한 지혜의 관찰이다. 십행보살을 견고한 지혜의 보살[선비]이라고 하여 견고사堅固士라고 하였다.

### 13) 제9 선법행善法行을 말하다

수 습 무 변 복 지 장
**修習無邊福智藏**하고

보 작 청 량 공 덕 지
**普作淸凉功德池**하야

이 익 일 체 제 군 생
**利益一切諸群生**하니

피 제 일 인 행 차 도
**彼第一人行此道**로다

그지없는 복과 지혜 닦아 익혀서

청량한 공덕 못을 널리 만들고

일체의 모든 중생에게 이익을 주나니

저 첫째가는 사람이 이 길 행하도다.

세상에서는 돈을 많이 벌어 경제력이 풍부하면 수많은 사람들에게 직업을 제공하여 생활할 수 있는 기회를 만들어 준다. 큰 그룹들이 하는 일이 그것이다. 불법을 수행하는 사람은 무변한 복덕과 지혜를 잘 닦아 익혀서 일체 중생들에게 사람이 사는 참되고 바른 이치를 깨닫게 한다. 마치 무더운 날 청량한 못에서 때를 씻고 열기를 식히는 것과 같은 큰 이익을 주는 것이다. 재벌은 재산으로 이익을 주고 법을 깨달은 사람은 진리로써 이익을 준다. 이것이 세상에서 제일가는 사람, 곧 십행보살 제일인第一人이다.

법계소유제품류
**法界所有諸品類**가

보변허공무수량
**普徧虛空無數量**이어든

요피개의언설주
**了彼皆依言說住**하니

차사자후소행도
**此獅子吼所行道**로다

온 법계에 여러 종류 많은 중생들
허공에 두루 가득 한량없는데
그들 모두 말을 의지해 있는 줄 아니
이것은 사자후하는 이가 행하는 길이로다.

우주법계에 존재하는 온갖 종류의 중생들, 허공에 가득하도록 무량무수하다. 이와 같은 사실을 아는 것은 먼저 깨달은 사람들의 설명에 의한 것이다. 즉 말에 의지해서 그러한 사실을 안다. 그러므로 말이나 글은 무수한 생명체 중에 오직 사람만이 사용하는 의사 전달 도구다. 이러한 사실을 잘 깨달아 아는 십행보살을 사자후獅子吼라고 하는 까닭이 이것이다.

능 어 일 일 삼 매 중
**能於一一三昧中**에

보 입 무 수 제 삼 매
**普入無數諸三昧**하야

실 지 법 문 유 오 처
**悉至法門幽奧處**하니

차 논 월 자 행 사 도
**此論月者行斯道**로다

하나하나 삼매 가운데
무수한 모든 삼매에 두루 들어가
법문의 깊은 곳에 다 이르나니
이것은 달을 의논하는 이가 이 길 행하도다.

화엄경에서 보는 이치는 작은 하나의 먼지 속에 시방세계가 있고, 짧은 한순간에 한량없는 겁이 있으며, 낱낱 삼매 속에 다시 무수한 삼매가 있어서 그 삼매에 다 들어간다는 것이다. 삼매가 그러려니와 일체 법이 또한 그와 같다. 그러므로 법문의 깊고 깊은 곳에 끝까지 다 이른다. 이와 같은 법 때문에 십행보살을 논월자論月者라고 하였다.

忍力勤修到彼岸호대 能忍最勝寂滅法하야
其心平等不動搖하니 此無邊智所行道로다

인욕의 힘을 부지런히 닦아 저 언덕 이르러
가장 수승한 적멸법을 능히 받아들이고[忍]
그 마음 평등하여 동요하지 않나니
이것은 지혜로운 이가 행하는 길이로다.

인욕을 수행해서 이른 경지를 피안이라 한다. 일체 번뇌와 고통의 이 언덕에서 저 언덕에 이른 것이다. 그곳은 일체가 고요하고 적멸한 경지다. 적멸은 가장 수승한 법이다. 그래서 법화경에서는 "모든 법은 본래부터 항상 스스로 적멸한 모습"이라 하였다. 적멸에 이르면 그 마음은 평등하여 동요하지 않는다. 끝없는 지혜라야 이를 수 있다. 그래서 십행보살을 무변지無邊智라고 하였다.

<br>

어 일 세 계 일 좌 처
**於一世界一坐處**에

기 신 부 동 항 적 연
**其身不動恒寂然**호대

이 어 일 체 보 현 신
**而於一切普現身**하나니

피 무 변 신 행 차 도
**彼無邊身行此道**로다

한 세계 한 자리에 앉아 있어서
그 몸이 동요치 않아 항상 고요하여
일체에서 몸을 두루 나타내나니
저 그지없는 몸 가진 이가 이 길을 행하도다.

어느 한 세계의 한 자리에 앉아 있으면서 그 몸은 움직이지 않아 항상 고요하다. 한곳에서 항상 고요하므로 도리어 시방 일체 세계에 그 몸을 다 나타낸다. 예컨대 사람이 하루 종일 온갖 일로 온갖 곳을 다니며 온갖 작용을 다 하더라도 그 몸은 언제나 한 몸이며 늘 여여하여 그대로인 것과 같다. 움직여도 일찍이 움직인 바가 없다. 그래서 이 한 몸이 그대로 끝없는 몸, 무변신無邊身이다.

무 량 무 변 제 국 토 　　　　실 령 공 입 일 진 중
**無量無邊諸國土**를　　　　**悉令共入一塵中**하야
보 득 포 용 무 장 애 　　　　피 무 변 사 행 차 도
**普得包容無障礙**하니　　　**彼無邊思行此道**로다

한량없고 그지없는 모든 국토를
한 티끌 속에 모두 다 넣되
두루 다 포용하여 장애 없나니
저 그지없이 생각하는 이가 이 길을 행하도다.

무량무변한 모든 국토가 본질의 입장에서 보니 텅 비어 공하다. 작은 먼지 하나도 역시 본질의 입장에서 보니 텅 비어 공하다. 그러므로 국토가 작아져서 먼지 속에 들어가는 것이 아니고 먼지가 커져서 국토를 받아들이는 것도 아니다. 본질은 텅 비어 공하고 형상은 영상과 같아서 크고 작

음이 서로 무장무애하다. 끝없는 사유라야 가능하기 때문에 십행보살을 무변사無邊思라고 하였다.

### 14) 제10 진실행眞實行을 말하다

(1) 열 가지의 힘을 얻다

<br>요 달 시 처 급 비 처
**了達是處及非處**하며
어 제 력 처 보 능 입
**於諸力處普能入**하야
성 취 여 래 최 상 력
**成就如來最上力**하니
피 제 일 력 소 행 도
**彼第一力所行道**로다

옳은 곳과 그른 곳을 분명히 알고
모든 힘에 골고루 능히 들어가
여래의 최상의 힘을 성취하나니
저 제일가는 힘 가진 이가 행하는 길이로다.

진실행에서 열 가지 힘의 일부를 게송으로 다시 밝힌다. 십력十力 중에서 첫 번째다. 옳은 곳과 그른 곳을 분명히 아는 지혜다. 사건의 옳고 그름을 알고, 이치와 이치가 아닌 것을 아는 지혜며, 경우와 경우가 아닌 것을 아는 지혜며, 더 나아가서 앉을 자리와 설 자리를 아는 지혜며, 할 말과 할 말 아닌 것을 아는 지혜의 능력이다. 그것은 곧 여래의 최상의 힘이기 때문에 십행보살을 제일력第一力이라고 하였다.

<br>

過去未來現在世<sub>에</sub>     無量無邊諸業報<sub>를</sub>
恒以智慧悉了知<sub>하니</sub>     此達解者所行道<sub>로다</sub>

지난 세상, 오는 세상, 지금 세상의
한량없고 끝없는 모든 업보를
언제나 지혜로써 모두 아나니
이것은 통달하여 아는 이가 행하는 길이로다.

두 번째는 중생들이 과거 미래 현재에 어떤 업을 지었으며, 그 업으로 또 어떤 과보를 받는가를 아는 지혜의 능력이다. 혹은 업이숙지력業異熟智力이라고도 표현한다. 이러한 것을 아는 보살을 통달해 안다 하여 달해자達解者라고 하였다.

요 달 세 간 시 비 시
**了達世間時非時**하야

여 응 조 복 제 중 생
**如應調伏諸衆生**호대

실 순 기 의 이 불 실
**悉順其宜而不失**하니

차 선 요 자 소 행 도
**此善了者所行道**로다

세간의 제때거나 제때가 아님을 알아

알맞게 모든 중생을 조복하여

적당함을 따라서 잃지 않나니

이것은 잘 아는 이가 행하는 길이로다.

장문에서는 열 가지 힘 가운데 "모든 선정과 해탈과 삼매와 때 묻고 깨끗함이 일어나는 때와 때 아님을 아는 지혜의 힘"이라고 하였다. 여기서는 보살을 선요자善了者라고 하였다.

### (2) 변재가 무궁하다

선 수 신 어 급 의 업
**善守身語及意業**하야

항 령 의 법 이 수 행
**恒令依法而修行**호대

이 제 취 착 항 중 마
**離諸取着降衆魔**하니

차 지 심 자 소 행 도
**此智心者所行道**로다

몸과 말과 뜻의 업을 잘 지키어
언제나 법에 따라 행을 닦게 하며
모든 집착 여의고 마군을 항복 받으니
이것은 지혜로운 마음의 사람이 행하는 길이로다.

법구경에 "입을 지키고 뜻을 조섭하며 몸으로는 계를 범하지 말라. 이와 같이 행하는 수행자는 능히 도를 얻으리라."[11]라고 하였다. 몸과 말과 생각을 잘 관리할 줄 아는 사람은 곧 법을 의지해서 수행하는 사람이며, 모든 마군을 항복 받는다고 한다. 이러한 보살을 지혜로운 마음을 가진 사람이라는 지심자智心者라고 하였다.

어 제 법 중 득 선 교
**於諸法中得善巧**하고

능 입 진 여 평 등 처
**能入眞如平等處**하야

변 재 선 설 무 유 궁
**辯才宣說無有窮**하니

차 불 행 자 소 행 도
**此佛行者所行道**로다

---

11) 守口攝意身莫犯 如是行者能得道.

모든 법 가운데서 공교함 얻고
진여眞如의 평등한 데 능히 들어가
변재로 연설함이 다함없으니
이것은 부처님의 행 닦는 이가 행하는 길이로다.

　중생 교화를 인생의 목적으로 사는 보살은 모든 차별한 교법을 익숙하게 잘 알아야 한다. 그러면서 한편 진여생명의 평등성에도 깊이 깨달아 들어가야 한다. 이와 같은 두 날개로 그 변재가 무궁무진해야 한다. 이것이 부처님의 행을 행하는 사람이다. 그래서 보살을 불행자佛行者라고 하였다.

다라니문이원만
**陀羅尼門已圓滿**하고

선능안주무애장
**善能安住無礙藏**하야

어제법계실통달
**於諸法界悉通達**하니

차심입자소행도
**此深入者所行道**로다

다라니문을 이미 원만히 하였고
걸림 없는 법장法藏 속에 편히 머물러
모든 법계를 모두 다 통달하나니

이것은 깊이 들어간 이가 행하는 길이로다.

다라니는 총지總持라고 한다. 불법의 이치와 그 이치들을 분별하여 설명한 교법들을 다 기억하여 지니는 것이다. 교법을 잘 기억해야 걸림 없는 법의 창고[法藏]에 잘 안주하게 된다. 그것으로 법계를 다 통달하는 것이다. 그래서 보살을 심입자深入者라고 하였다.


### (3) 부처님 선근善根과 같다

삼 세 소 유 일 체 불
**三世所有一切佛**로
실 여 등 심 동 지 혜
**悉與等心同智慧**하야

일 성 일 상 무 유 수
**一性一相無有殊**하니
차 무 애 종 소 행 도
**此無礙種所行道**로다

과거 현재 미래에 계시는 일체 부처님

모두 다 마음도 같고 지혜도 같아

한 성품 한 모양이 다름없나니

이것은 걸림 없는 종성의 행하는 길이로다.

화엄경을 이해하는 중요한 열쇠는 "마음과 부처와 중생, 이 셋은 차별이 없다."라는 것이다. 그러므로 과거 현재 미래에 계시는 일체 부처님과 우리들 자신이 모두 다 마음도 같고 지혜도 같아서 한 성품 한 모양으로 다름이 없다. 중생과 부처 사이에 걸림이 없는 불종성佛種性을 가지고 있어서 보살을 무애종無礙種이라고 하였다.

이 결 일 체 우 치 막
**已抉一切愚癡膜**하고

심 입 광 대 지 혜 해
**深入廣大智慧海**하야

보 시 중 생 청 정 안
**普施衆生淸淨眼**하니

차 유 목 자 소 행 도
**此有目者所行道**로다

이미 일체의 어리석음의 막膜을 제거하였고
광대한 지혜의 바다에 깊이 들어가
중생에게 청정한 눈을 널리 베푸나니
지혜의 눈 있는 이가 행하는 길이로다.

불법을 공부하는 길의 기본적인 줄거리를 밝혔다. 경전을 잘 배워 일체 어리석음의 장애를 다 제거하고 넓고 넓은 지혜의 바다에 깊이 들어가서 스스로 터득한 불법과 지혜를 중생들에게 널리 베푸는 일이다. 불교에서는 사람들에게 의식주 문제를 해결해 주는 것보다 어리석은 마음을 제거하고 지혜를 얻도록 해 주는 것을 우선으로 생각한다. 즉 법을 우선시하는 것이다. 불교는 법의 종교이기 때문이다.

<br>

이구일체제도사
**已具一切諸導師**의

평등신통무이행
**平等神通無二行**하야

획어여래자재력
**獲於如來自在力**하니

차선수자소행도
**此善修者所行道**로다

일체의 모든 도사導師들의
평등한 신통과 둘이 없는 행을 이미 구족했으며
여래의 자재한 힘을 얻었으니
이것은 잘 닦은 이가 행하는 길이로다.

일체 모든 도사들은 평등성과 신통성과 무이성無二性을 이미 갖추고 있으며 일상에 활용한다. 일체 중생도 본래 갖추고 있으나 일상에 활용하는 것이 부족하다. 보살은 또 여래의 자재한 힘을 얻고 있다. 이 모든 것을 갖추고서 자유자재하게 쓰는 보살을 선수자善修者라고 한다.


변유일체제세간
**徧遊一切諸世間**하며

보우무변묘법우
**普雨無邊妙法雨**하야

실령어의득결료
**悉令於義得決了**하니

차법운자소행도
**此法雲者所行道**로다

일체 모든 세계에 두루 다니며
그지없이 묘한 법의 비를 널리 내리어
모두 다 이치에서 분명히 알게 하니
이것은 법의 구름에 오른 이가 행하는 길이로다.

불교가 반드시 해야 하는 일은 일체 세간에 두루 다니면서 끝없는 미묘법문을 널리 가르치는 일이다. 그래서 진정한 불교의 이치를 분명하게 깨달아 참다운 이치대로 살게 하는 것이다. 마치 장마철에 폭우가 내리듯이 법의 비를 내려 사람들의 가슴을 적셔 주어야 한다. 이러한 보살을 법운자法雲者라고 하였다.

<br>능 어 불 지 급 해 탈 심 생 정 신 영 불 퇴
**能於佛智及解脫**에 **深生淨信永不退**하야

이 신 이 생 지 혜 근 차 선 학 자 소 행 도
**以信而生智慧根**하니 **此善學者所行道**로다

부처님의 지혜와 모든 해탈에
청정한 신심을 깊이 내어 퇴전치 않고
신심으로 지혜의 뿌리를 내게 하니
이것은 잘 배운 이가 행하는 길이로다.

 화엄경의 구성도 먼저 부처님이 얻으신 불과佛果를 들어 보였다. 불과는 지혜며 해탈이며 온갖 공덕이다. 그것은 즐겁고 뛰어난 경지이므로 청정한 신심이 일어나서 퇴전하지 않게 한다. 퇴전하지 않으므로 신심은 곧 부처님이 얻으신 지혜의 뿌리가 된다. 이러한 사실을 알고 공부하는 보살을 선학자善學者라고 하였다.


능 어 일 념 실 요 지 일 체 중 생 무 유 여
**能於一念悉了知** **一切衆生無有餘**하야

요 피 중 생 심 자 성 　　　　 달 무 성 자 소 행 도
**了彼衆生心自性**하니　　**達無性者所行道**로다

능히 한 생각에

일체 중생을 남김없이 다 알고

저 중생의 마음 자성을 아니

성품 없음을 깨달은 이가 행하는 길이로다.

일체 중생은 모두 실체가 없으며, 그들의 마음이니 자성이니 하는 것도 또한 실재하는 자체의 성품이 없다. 자체의 성품이 없음을 깨달아 아는 보살을 달무성자達無性者라고 하였다.

### (4) 부처님의 종성種性에 들어가다

법 계 일 체 제 국 토 　　　　 실 능 화 왕 무 유 수
**法界一切諸國土**에　　**悉能化往無有數**호대

기 신 최 묘 절 등 륜 　　　　 차 무 비 행 소 행 도
**其身最妙絶等倫**하니　　**此無比行所行道**로다

법계의 일체 모든 국토에

다 능히 변화하여 무수히 가되
그 몸이 가장 묘해 짝이 없나니
이것은 비길 데 없는 행의 행하는 길이로다.

부처님의 종성에 들어가서 그 대를 잇는 보살은 어디든지 중생 교화를 위해 가지 않는 데가 없다. 그 모습은 세상에서 가장 아름다운 모습이어서 그 누구와도 짝할 이가 없다. 부처님의 종성에 들어가는 보살을 비교할 수 없는 행이라는 뜻에서 무비행無比行이라고 하였다.

<br>

불 찰 무 변 무 유 수
**佛刹無邊無有數**에

무 량 제 불 재 기 중
**無量諸佛在其中**이어든

보 살 어 피 실 현 전
**菩薩於彼悉現前**하야

친 근 공 양 생 존 중
**親近供養生尊重**이로다

부처님의 세계는 끝없고 수가 없는데
한량없는 부처님이 그 가운데 있거늘
보살들이 그곳마다 다 나타나
친근하고 공양하고 존중하도다.

화엄경에서는 보통 세계 또는 우주라고 할 것을 모두 부처님 세계[佛刹]라고 한다. 왜냐하면 일체 세계와 일체 우주에는 다 부처님이 계시기 때문이다. 일체 생명 일체 존재가 다 부처님이다. 그래서 한량없는 세계에 한량없는 부처님이 계시고 또한 한량없는 보살들이 그 앞에 나타나 있다. 그래서 일체 생명 일체 존재를 부처님으로 이해하여 친근하고 공양하고 공경하며 존중하고 찬탄하는 것이다. 이와 같은 사상을 실현하는 것이 진정한 부처님의 종성에 들어가는 것이다.

보 살 능 이 독 일 신
**菩薩能以獨一身**으로

입 어 삼 매 이 적 정
**入於三昧而寂定**호대

영 견 기 신 무 유 수
**令見其身無有數**하야

일 일 개 종 삼 매 기
**一一皆從三昧起**로다

보살들이 능히 오로지 한 몸으로써

삼매에 들어가서 고요하지만

무수한 그 몸의 하나하나가

삼매에서 일어남을 보게도 하도다.

일一과 다多가 무애한 관계[一多無礙]를 삼매로 표현하였다. 보살이 오직 한 몸에서 삼매에 들어갔으나 삼매로부터 일어나는 것은 무수한 몸의 낱낱 몸에서 일어난다. 일과 다가 서로서로 연기하여 무량무변하다. 세상의 일체 존재는 실로 그와 같이 엮여서 돌아가고 있다고 본 것이다.


(5) 부처님 자비의 종성에 들어가다

보 살 소 주 최 심 묘
**菩薩所住最深妙**하며

소 행 소 작 초 희 론
**所行所作超戱論**하며

기 심 청 정 상 열 락
**其心淸淨常悅樂**하야

능 령 중 생 실 환 희
**能令衆生悉歡喜**로다

보살의 머문 데가 가장 깊고 묘하며

행하고 짓는 일이 희론戱論을 초월하여

그 마음 청정하고 항상 즐거워

중생들을 모두 다 환희케 하도다.

보살이 자비의 종성에 머물면 그곳은 가장 깊고 미묘한 곳이다. 행하는 바와 짓는 바가 결코 말로만 하는 희론이 아니다. 자비를 몸소 실천하는 것이기 때문이다. 그 마음 청정하고 즐거워 중생들을 항상 환희케 한다.

<br>

<sub>제근방편각차별</sub>
**諸根方便各差別**을　　<sub>능이지혜실명견</sub>
**能以智慧悉明見**하고

<sub>이료제근무소의</sub>
**而了諸根無所依**하니　　<sub>조난조자소행도</sub>
**調難調者所行道**로다

모든 근기와 방편이 각각 다른데
지혜로 분명하게 능히 다 보고
근기들이 의지한 데 없음을 아니
조복하기 어려운 이를 조복한 이가 행하는 길이로다.

사람마다 근기와 수준이 다르고 근기를 따라 방편도 다 다르다. 보살은 이러한 사실을 지혜로 밝게 보아 그것이 일정하게 고정되어 있지 않음을 잘 안다. 그래서 참으로 조복하기 어려운 굳세고 억센 강강強剛 중생들까지 다 조복한다. 그것은 오직 자비종성으로 가능한 일이다. 진정한 자비 앞에 조복되지 않는 중생은 없기 때문이다.

<br>능 이 방 편 교 분 별
**能以方便巧分別**로
어 일 체 법 득 자 재
**於一切法得自在**하야

시 방 세 계 각 부 동
**十方世界各不同**에
실 재 기 중 작 불 사
**悉在其中作佛事**로다

능히 방편으로써 교묘히 잘 분별하여

일체 법에 자재함을 능히 얻었고

시방세계 제각기 같지 않거늘

그 가운데 있으면서 불사佛事를 짓도다.

일체 법에 자재함을 얻는 일이나, 중생들 교화하는 일이나, 방편으로 능숙하고 교묘하게 잘 분별하는 능력이 중요하다. 왜냐하면 시방세계가 각각 같지 않고 중생도 또한 각각 다르기 때문이다. 능숙한 분별력이 없다면 중생 교화의 불사를 지을 수가 없다.


제 근 미 묘 행 역 연
**諸根微妙行亦然**하야
능 위 중 생 광 설 법
**能爲衆生廣說法**하니

수 기 문 자 불 흔 경
**誰其聞者不欣慶**가
차 등 허 공 소 행 도
**此等虛空所行道**로다

모든 근기가 미묘하고 행도 또한 그러한데
능히 중생들을 위하여 법을 널리 설하니
듣는 사람 그 누가 기뻐하지 않겠는가.
이것은 허공과 평등한 이가 행하는 길이로다.

중생들의 모든 근기는 참으로 미묘 불가사의하다. 그 근기에 따른 행위들도 또한 그와 같아서 알 수가 없다. 그럼에도 능히 그와 같은 중생들을 위하여 법을 널리 설하니 그 법을 듣는 이가 누군들 기뻐하지 않겠는가. 허공과 같은 이[等虛空]라고 찬탄하였다.

### (6) 부처님 지혜의 종성에 들어가다

지안청정무여등　　　어일체법실명견
**智眼淸淨無與等**하야　**於一切法悉明見**하고
여시지혜교분별　　　차무등자소행도
**如是智慧巧分別**하니　**此無等者所行道**로다

지혜의 눈 청정하여 같을 이 없어
일체 법을 모두 다 밝게 보나니

이와 같은 지혜로 공교히 잘 분별하니
이것은 같을 이 없는 이가 행하는 길이로다.

부처님 지혜의 종성은 곧 부처님의 종족이나 혈통과 같은 것이다. 그 지혜의 종성은 청정하고 훌륭하고 뛰어나서 세상에서는 더불어 같을 이가 없다. 그 지혜로 일체 존재의 실상을 밝게 본다. 그 지혜로 공교히 잘 분별한다. 이러한 보살을 더불어 같을 이가 없다고 해서 무등자無等者라고 하였다.

소유무진광대복
**所有無盡廣大福**을

일체수행사구경
**一切修行使究竟**하야

영제중생실청정
**令諸衆生悉淸淨**하니

차무비자소행도
**此無比者所行道**로다

있는 바 다함없는 광대한 복을
일체를 수행하여 다 성취하여
모든 중생들로 하여금 다 청정케 하니
이것은 비길 데 없는 이가 행하는 길이로다.

보살은 만약 닦아서 얻을 수 있는 복이 있으면 그 모든 복을 다 닦아 얻는다. 사람이 생각할 수 있는 복이란 복은 다 닦아서 모든 중생에게 회향한다. 이것이 보살의 삶이다. 이와 같은 보살은 세상에서 그 누구와도 비교할 수 없어서 무비자無比者라고 하였다.

보 권 수 성 조 도 법 　　　실 령 득 주 방 편 지
**普勸修成助道法**하고　　**悉令得住方便地**하야
도 탈 중 생 무 유 수 　　　미 증 잠 기 중 생 상
**度脫衆生無有數**호대　　**未曾暫起衆生想**하며

도를 돕는 여러 법 닦기를 널리 권하고
그들이 방편 지위에 머물게 하여
중생을 제도함이 그지없지만
중생이란 생각을 잠깐도 일으키지 않도다.

도를 돕는 여러 법, 즉 조도법助道法에는 37조도품이 있고 그 외에도 불도를 닦는 데 도움이 되는 모든 것이 조도법이다. 각양각색의 중생을 교화하려면 그들에게 알맞은 방편이

필요하므로 그와 같은 방편 지위에 머물러 무수한 중생을 제도한다. 그러나 중생이란 본래로 공한 것이며, 화엄경의 안목으로는 본래로 부처님이다. 그래서 한순간도 중생이라는 생각을 일으킨 적이 없다. 만약 보살이 중생을 중생이라는 생각으로 본다면 그는 이미 보살이 아니다. 소승 아라한이거나 중생일 뿐이다.

<br>

일 체 기 연 실 관 찰
**一切機緣悉觀察**하야
선 호 피 의 영 무 쟁
**先護彼意令無諍**하고
보 시 중 생 안 은 처
**普示衆生安隱處**하니
차 방 편 자 소 행 도
**此方便者所行道**로다

일체 근기 인연을 다 관찰하여
먼저 그들의 뜻 보호하여 다투지 않게 하고
중생에게 편안한 곳 널리 보이니
이것은 방편을 얻은 이의 행하는 길이로다.

끝없는 중생을 다 제도하려면 먼저 그들의 근기와 인연을 면밀히 관찰해서 뜻을 잘 보호하고, 다음으로는 불법과 일체 갈등이 없게 순리와 자연스러움으로 인도하여야 한다. 오늘날과 같은 다종교 사회에서 강강한 중생들을 교화하려면 더욱 순리로 인도하여 그들을 편안하게 하는 것이 중요하다. 그러려면 실로 방편이 더욱 필요하다. 그래서 보살을 방편자方便者라고 하였다.


### (7) 부처님의 진실한 말을 배우다

성취최상제일지　　　구족무량무변지
**成就最上第一智**하고　**具足無量無邊智**하야

어제사중무소외　　　차방편지소행도
**於諸四衆無所畏**하니　**此方便智所行道**로다

가장 높고 제일가는 지혜 이루고

한량없고 그지없는 지혜 구족해

모든 사부대중에게 두렵지 않으니

이것은 방편지혜 갖춘 이가 행하는 길이로다.

불교에서는 무엇보다 먼저 지혜를 강조한다. 자비도 지혜가 밑바탕이 된 뒤라야 진정한 자비를 행할 수 있기 때문이다. 지혜가 없는 자비는 모두 치우친 정에 떨어진 자비가 된다. 최상의 지혜며, 제일가는 지혜며, 한량없고 그지없는 지혜인 부처님의 지혜를 성취하여야 사부대중에게 당당하게 교화를 베풀 수 있다. 이와 같은 지혜 갖춘 이를 방편지方便智라고 하였다.

일체세계급제법
**一切世界及諸法**에
실능변입득자재
**悉能徧入得自在**하고

역입일체중회중
**亦入一切衆會中**하야
도탈군생무유수
**度脫群生無有數**하며

일체의 세계와 모든 법에
두루 다 들어가서 자재를 얻고
일체 대중 모인 데 또한 들어가
무수한 중생들을 제도하도다.

일체 대중들의 모임에서 무수한 중생들을 제도하려면 세계 세계마다 각각 다른 법에 다 두루 들어가서 그 모든 세계 중생들의 사정을 잘 파악해야 한다. 그래야 많고 많은 중생들을 제도할 수 있다.

<br>

시방 일체 국토 중
**十方一切國土中**에
격 대 법 고 오 군 생
**擊大法鼓悟群生**하야

위 법 시 주 최 무 상
**爲法施主最無上**하니
차 불 멸 자 소 행 도
**此不滅者所行道**로다

시방의 일체 국토 가운데서
큰 법의 북을 쳐서 중생들을 깨우치고
법을 보시하는 시주가 되어 가장 높으니
이것은 멸하지 않는 이가 행하는 길이로다.

이 한 게송은 곧 부처님의 교화사업을 가장 잘 표현하였다. 부처님이 하시는 일이란 언제나 법의 북을 크게 쳐서 중생들을 깨우치는 일이다. 그것은 곧 중생들에게 법을 시주하는 일이며, 세상에서 가장 위대한 일을 하는 사람이다. 불교에서 보살의 수행덕목 중 보시를 최우선으로 하지만 그중에서 법을 보시하기를 권하고 있다. 부처님은 평생을 통해서 법만을 보시하였다. 그러면서 스스로 대시주大施主라고 하였다. 그래서 불멸의 성자가 된 것이다. 불멸자不滅者라고 하는 뜻이 이것이다.


일 신 결 가 이 정 좌
**一身結跏而正坐**하야

충 만 시 방 무 량 찰
**充滿十方無量刹**호대

이 령 기 신 불 박 애
**而令其身不迫隘**하니

차 법 신 자 소 행 도
**此法身者所行道**로다

한 몸이 가부좌하여 앉아 있는데
한량없는 시방세계에 가득하지만
그 몸은 비좁지도 아니하나니
이것은 법신을 증득한 이가 행하는 길이로다.

법신의 이치를 밝힌 내용이다. 법신이란 일체 존재의 공성空性을 바탕으로 한 현상의 본질이다. 본질에서는 일과 다가 무애하여 걸림이 없다. 그러므로 한 몸이 가부좌를 틀고 앉았어도 시방의 한량없는 세계에 그대로 충만하다. 공성이기 때문에 공간이 비좁거나 남지 않는다. 예컨대 바다에 여러 종류의 그릇을 넣어 바닷물을 담든 비우든 부증불감이며 무장무애한 것과 같다. 이것이 사람을 위시한 모든 존재의 법신적인 이치다. 이와 같은 이치를 깨달아 아는 보살을 법신자法身者라고 하였다.

> 능 어 일 의 일 문 중
> **能於一義一文中**에   **演說無量無邊法**호대
> 이 어 변 제 불 가 득
> **而於邊際不可得**하니   **此無邊智所行道**로다
>
> 능히 한 이치와 한 문장 가운데서도
> 한량없고 끝없는 법을 연설하지만
> 그러나 그 끝 간 데를 다할 수 없나니
> 이것은 그지없는 지혜가 행하는 길이로다.

깨달음을 성취한 눈 밝은 사람의 안목에서 보면 하나의 이치나 하나의 문장이나 하나의 사건에서 한량없고 그지없는 법을 보고 그것을 여러 가지 상황에 적용하여 설명한다. 아무리 부연해도 다 설명할 길이 없다. 예컨대 2014년 4월에 일어났던 여객선 세월호 사건에서 세상을 보고, 한국을

보고, 사람들의 온갖 심리를 다 본다. 또한 불교적 관점인 고해苦海를 보고, 고해에 대처하는 성문과 연각과 보살을 본다. 일체 불법을 그 사건에서 다 설명할 수 있다. 특히 소승 성문과 대승보살의 길은 너무나도 명확하게 구분된다. 이러한 사실을 깨달아 아는 이를 무변지無邊智라 하였다.

또 "하나의 작은 먼지 속에 시방세계가 다 함유되어 있다."는 화엄경의 종지에서 무한한 우주의 존재 원리와 구조를 알고, 또한 작은 인체의 구성 원리와 그 안에 또 다른 우주가 존재함을 다 안다. 모든 것이 이와 같다. 어찌 한 문장 속에서 무량무변한 법을 연설하지 않겠는가.

어 불 해 탈 선 수 학
**於佛解脫善修學**하야

득 불 지 혜 무 장 애
**得佛智慧無障礙**하고

성 취 무 외 위 세 웅
**成就無畏爲世雄**하니

차 방 편 자 소 행 도
**此方便者所行道**로다

부처님의 해탈을 잘 닦아 배우고
부처님의 지혜를 얻어 장애 없으며
두려움 없음을 성취하여 세상의 영웅이 되니

이것은 방편을 얻은 이의 행하는 길이로다.

불교를 공부하는 사람이 가장 먼저 해야 할 일은 계율과 선정과 지혜의 삼학을 잘 닦아서 해탈을 얻는 것이다. 그러고는 다시 그 해탈을 다른 사람과 나누는 해탈지견을 실현하는 일이다. 이와 같이 하면 그 무엇에도 어디에도 누구에게도 두려움이 없는 진실로 당당한 영웅이 된다. 이것이 중생 교화를 위한 보살의 참다운 방편이다. 그래서 이 보살을 방편자方便者라고 하였다.

요 지 시 방 세 계 해
**了知十方世界海**하고
역 지 일 체 불 찰 해
**亦知一切佛刹海**하며

지 해 법 해 실 요 지
**智海法海悉了知**하니
중 생 견 자 함 흔 경
**衆生見者咸欣慶**이로다

시방의 세계 바다를 분명히 알고

또 일체의 불찰 바다도 다 알며

지혜 바다, 법의 바다 모두 다 아나니

보는 중생들이 모두 좋아하도다.

화엄경에는 바다라는 말이 많이 나온다. 세계 바다, 부처님 바다, 보살 바다, 중생 바다, 지혜 바다, 법의 바다 등등이다. 심지어 사람의 이름인 아난阿難 바다라는 말도 있다. 광대하다, 무한하다, 무량하다, 끝이 없다 등의 뜻으로 쓴다. 시방세계가 무한하며, 부처님 세계가 무한하며, 지혜도 법도 모두가 무한함을 다 아는 보살을 중생들은 친견하여 한없이 기뻐한다. 중생을 교화하는 제1조건은 다양하게 알고 바르게 아는 일이다.

혹 현 입 태 급 초 생
**或現入胎及初生**하며

혹 현 도 량 성 정 각
**或現道場成正覺**하야

여 시 개 령 세 간 견
**如是皆令世間見**하니

차 무 변 자 소 행 도
**此無邊者所行道**로다

혹은 태胎에 들어가고 처음 태어남을 나타내며
혹은 도량에서 정각을 성취함을 나타내어
이런 일을 세간이 다 보게 하나니
이것은 끝없는 이가 행하는 길이로다.

보살의 일생을 가장 바람직한 모습으로 정리하면 세존의 팔상성도八相成道라고 할 수 있다. 도솔천에 계시다가 왕궁으로 내려와서 어머니 모태에 들고, 다음은 태어나서 사문유관四門遊觀하고 출가수도出家修道하여 보리도량에서 정각을 이룬다. 다음은 49년간 중생 교화를 하시다가 열반에 드셨다. 이와 같은 사실을 아는 세상 사람들은 그의 삶을 본받고자 한다. 무량무변한 공덕의 삶이다. 그래서 무변자無邊者의 행하는 길이라 한다.

무량 억 수 국 토 중
**無量億數國土中**에

시 현 기 신 입 열 반
**示現其身入涅槃**호대

실 불 사 원 귀 적 멸
**實不捨願歸寂滅**하니

차 웅 론 자 소 행 도
**此雄論者所行道**로다

한량없는 억천만 국토 가운데
열반에 드는 몸을 나타내 보이지만
실은 서원을 버리고 적멸에 돌아가지 않나니
이것은 영웅 같은 논사論師가 행하는 길이로다.

2천6백여 년의 세월 동안 세존을 아는 무수한 사람들은 모두 부처님이 80생애를 사시다가 열반에 들었다고 생각한다. 그러나 실은 세세생생 중생을 교화하기 위한 크나큰 원력을 버리고 적멸에 돌아간 일이 없다. 오늘 이 시간에도 세존의 진정한 생명인 진리의 가르침은 생생하게 살아서 수많은 사람들에게 지혜의 눈을 열어 주고 있다. 이것이 여래의 서원이며 여래의 참생명력이다. 진리의 가르침에는 뛰어난 이론을 필요로 한다. 그래서 이러한 것을 잘 아는 보살을 웅론자雄論者라고 하였다.

<br>

견고미밀일묘신
**堅固微密一妙身**이

여불평등무차별
**與佛平等無差別**호대

수제중생각이견
**隨諸衆生各異見**하니

일실신자소행도
**一實身者所行道**로다

견고하고 비밀하고 미묘한 이 몸이
부처님과 평등하여 차별 없건만
모든 중생을 따라서 각각 달리 보나니
오직 진실한 몸 가진 이가 행하는 길이로다.

"견고하고 비밀하고 미묘한 이 몸이 부처님과 평등하여 차별 없다."는 것은 무엇인가? 마음과 부처와 중생 이 셋은 차별이 없는 청정법신이라는 것이다. 이와 같은 청정법신이건만 중생들은 각자의 안목을 따르고 그릇을 따라 각각 다르게 본다. 오직 하나의 진실한 몸 청정법신을 깨달은 일실신자一實身者의 행하는 길이다.

법계평등무차별
**法界平等無差別**이나

구족무량무변의
**具足無量無邊義**어든

낙관일상심불이
**樂觀一相心不移**하니

삼세지자소행도
**三世智者所行道**로다

법계가 평등하여 차별 없으나
한량없고 끝없는 뜻 구족하였다.
한 모양에서 그렇게 보아도 마음은 이동 않나니
삼세의 지혜로운 이가 행하는 길이로다.

작은 미세먼지나 큰 세계나 우주가 모두가 평등하여 차별이 없는 면이 있으며, 무량무수하게 차별하여 무량무수한 뜻을 지닌 면도 있다. 사람들이 일차적으로 이해하는 것은 다양한 차별의 모습이다. 좀 다른 차원의 두 번째 눈으로 세계를 이해하는 것은 평등한 공성의 무차별이다. 하나의 모양에서 차별한 현상으로도 보고 무차별한 본질로도 보지만 제3의 눈, 즉 중도적 눈을 가진 사람에게는 그 마음 아무런 변동이 없다. 그와 같은 안목을 가지면 삼세지자三世智者라 한다.

어 제 중 생 급 불 법
**於諸衆生及佛法**에
건 립 가 지 실 구 경
**建立加持悉究竟**하야
소 유 지 력 동 어 불
**所有持力同於佛**하니
최 상 지 자 행 사 도
**最上持者行斯道**로다

모든 중생에게나 부처님 법에
건립建立하고 가지加持함을 모두 성취하여
가지하는 힘을 얻어 부처님 같으니
최상의 가지를 받은 이가 행하는 길이로다.

이 게송부터 이하 세 게송은 정법을 보호하여 지니는 내용을 밝혔다. 여기 첫 게송은 부처님의 위신력으로 가지加持하는 내용이다. 가지加持는 곧 가피加被다. 모든 중생들에게나 부처님의 정법에 부처님의 위신력이 세워지고 가피가 내려져서 견고하게 성취한 것이 부처님과 동등하였다. 아무리 작은 불사佛事라 하더라도 반드시 부처님과 보살들과 천룡팔부와 일체 화엄성중의 가피가 있어야 그 일을 성취할 수 있다. 부처님과 보살들과 천룡팔부와 일체 화엄성중의 최상의 가피를 받은 이라 하여 최상지자最上持者라 하였다.

신 족 무 애 유 여 불
**神足無礙猶如佛**하고

천 안 무 애 최 청 정
**天眼無礙最淸淨**하며

이 근 무 애 선 청 문
**耳根無礙善聽聞**하니

차 무 애 의 소 행 도
**此無礙意所行道**로다

신족통神足通 걸림 없어 부처님 같고

천안통 걸림 없어 가장 청정하며

천이통 걸림 없어 잘 들리나니

이것은 걸림 없는 뜻 가진 이가 행하는 길이로다.

이 게송과 다음 게송은 육신통을 보호하여 가지는 것을 밝혔다. 걸림이 없는 뜻[無礙意]은 곧 타심통이며, 아래 게송에 신통이 구족하였다는 것은 숙명통과 누진통을 겸한 것이다. 그래서 육신통이라 한 것이다. 무애의無礙意가 되어야 육신통을 갖춘다.

<br>

소유신통개구족
**所有神通皆具足**하며

수기지혜실성취
**隨其智慧悉成就**하야

선지일체미소주
**善知一切靡所儔**하니

차현지자소행도
**此賢智者所行道**로다

여러 가지 신통을 모두 갖추고
그의 지혜 따라서 모두 성취하여
온갖 것을 잘 알아 짝이 없나니
이것은 어질고 지혜로운 이가 행하는 길이로다.

육신통을 구족하고 지혜를 성취하며 일체를 다 잘 알아 짝할 이가 없는 사람을 보살이라 하고 현인이라 하고 지혜로운 이라 한다. 그래서 보살을 현지자賢智者라 하였다.

| 기심정정불요동 | 기지광대무변제 |
| --- | --- |
| 其心正定不搖動하고 | 其智廣大無邊際하야 |
| 소유경계개명달 | 일체견자소행도 |
| 所有境界皆明達하니 | 一切見者所行道로다 |

그 마음 바른 선정에 들어 동요치 않고
그 지혜 넓고 커서 끝이 없어서
온갖 경계 다 밝게 통달하나니
일체를 보는 이의 행하는 길이로다.

십행위에 오른 보살은 그 마음이 바른 선정에 들어 동요하지 않으며 그 지혜는 광대해서 끝이 없다. 경계란 경계는 모두 밝게 통달하여 일체를 다 보고 다 안다. 그래서 보살을 일체견자一切見者라고 하였다.

| 이도일체공덕안 | 능수차제도중생 |
| --- | --- |
| 已到一切功德岸하야 | 能隨次第度衆生호대 |
| 기심필경무염족 | 차상근자소행도 |
| 其心畢竟無厭足하니 | 此常勤者所行道로다 |

二十一. 십행품十行品 2

일체 공덕의 그 언덕에 이미 이르고
차례차례 따라서 중생을 제도하되
그 마음은 끝까지 만족하지 않나니
이것은 늘 부지런한 이의 행하는 길이로다.

십행보살은 이미 일체 공덕의 언덕에 이르렀으며 그 공덕으로 능히 중생들을 다 제도한다. 그러나 다시 또 공덕을 닦거나 중생을 제도하는 일에 결코 만족해하거나 싫어하지 않는다. 보살의 삶은 영원히 공덕을 닦고 중생을 교화하는, 상구보리上求菩提하고 하화중생下化衆生하는 것이다.

삼 세 소 유 제 불 법
**三世所有諸佛法**을

어 차 일 체 함 지 견
**於此一切咸知見**하야

종 어 여 래 종 성 생
**從於如來種性生**하니

피 제 불 자 행 사 도
**彼諸佛子行斯道**로다

과거 현재 미래에 있는 바 부처님 법을
여기서 일체를 다 알고 보아서
여래의 종성種性으로부터 태어나나니

저 모든 불자들의 행하는 길이로다.

여래의 종성으로부터 태어나서 여래의 대를 잇는 보살은 과거 현재 미래의 일체 불법을 현재에 위치하고 있는 그 자리에서 다 보고 다 알아야 한다. 여래의 종성을 잇는 일은 불자로서 가장 큰 의무이며 영광된 일이다. 그러므로 모든 불자는 일체 불법을 열심히 공부하여 그 의무에 충실해야 할 것이다. 그래야 불법이 영원히 이어지고 널리 퍼진다.

수 순 언 사 이 성 취
**隨順言辭已成就**하고

괴 위 담 론 선 최 복
**乖違談論善摧伏**하야

상 능 취 향 불 보 리
**常能趣向佛菩提**하니

무 변 혜 자 소 행 도
**無邊慧者所行道**로다

수순하는 말들은 이미 성취하고
어기는 말들은 잘 꺾어 버리며
부처님의 보리菩提에 능히 취향하니
끝없이 지혜로운 이가 행하는 길이로다.

세상에는 참되고 바른 이치에 수순하는 말도 많고, 이치에 등지고 어기는 말도 많다. 보살은 이치에 맞는 말은 잘 수순하고 이치에 맞지 않는 말은 정연한 논리로 꺾어서 조복 받아야 한다. 조복을 받은 뒤에는 부처님의 깨달음에 향하도록 가르쳐야 한다. 이와 같은 보살을 무변혜자無邊慧者라 한다.


### (8) 중생을 이익하게 함이 헛되지 않다

일 광 조 촉 무 애 한
**一光照觸無涯限**하야

시 방 국 토 실 충 변
**十方國土悉充徧**하야

보 사 세 간 득 대 명
**普使世間得大明**하니

차 파 암 자 소 행 도
**此破闇者所行道**로다

한 광명이 비치는 일 끝 간 데 없어
시방의 모든 국토에 두루 가득해
세상으로 하여금 큰 광명을 얻게 하나니
어두움을 깨뜨린 이가 행하는 길이로다.

불법의 가르침은 어두운 세상을 밝게 비추는 광명이다. 부처님도 또한 온 인류에 눈부신 광명이다. 그 광명은 끝 간 데가 없이 무한하다. 온 시방 국토에 가득하다. 세상 사람들로 하여금 큰 광명을 얻게 하여 어리석음이라는 어둠을 멀리 떠나보낸다. 이와 같은 일이 불교가 하는 일이며 보살이 하는 일이다. 그래서 보살을 어둠을 깨뜨리는 파암자<sup>破闇者</sup>라고 한다.

<br>

수 기 응 견 응 공 양
**隨其應見應供養**하야

위 현 여 래 청 정 신
**爲現如來淸淨身**하야

교 화 중 생 백 천 억
**敎化衆生百千億**하며

장 엄 불 찰 역 여 시
**莊嚴佛刹亦如是**로다

친견에 응하고 공양에 응함을 따라
여래의 청정한 몸을 나타내어
백천억 중생들을 교화하시니
불찰을 장엄함도 그와 같도다.

여래는 중생들이 친견하여 공양 올리려고 하는 대상이다. 여래는 그와 같은 뜻을 따라서 언제나 중생들에게 청정한 몸을 나타내 보인다. 여래의 청정한 몸으로 백천만억 중생들을 교화한다. 세상을 아름답고 향기롭게 장엄하는 것도 역시 백천만억 중생을 교화하기 위함이다.


### (9) 십행법문의 깊고 넓음을 찬탄하다

위령중생출세간 　　　　일체묘행개수습
**爲令衆生出世間**하야　**一切妙行皆修習**하니

차행광대무변제 　　　　운하이유능지자
**此行廣大無邊際**라　　**云何而有能知者**리오

중생들을 세간에서 벗어나도록

일체의 묘한 행을 닦아 익히니

이런 행은 넓고 커서 그지없거늘

어떤 이가 있어 능히 알리오.

십행법문의 끝은 이 법문이 끝없이 깊고 끝없이 넓음을 찬탄한 것이다. 십행보살은 중생들이 세속적인 관념과 가치관에 사로잡혀 있지 않도록 하기 위하여 온갖 훌륭한 수행을 다 닦았다. 그 수행은 광대하여 끝이 없다. 그래서 그 수행이 어떤 것인지, 또는 얼마나 많이 닦았는지 아무도 아는 사람이 없다.


      가 사 분 신 불 가 설　　　　이 여 법 계 허 공 등
      **假使分身不可說**호대　　**而與法界虛空等**하야

      실 공 칭 양 피 공 덕　　　　백 천 만 겁 무 능 진
      **悉共稱揚彼功德**이라도　**百千萬劫無能盡**이로다

가령 말할 수 없이 많은 몸을 분신을 하되
법계와 허공계와 같은 이들이
한 가지로 그 공덕을 찬탄한대도
백천만겁 지내도 못다 하리라.

  가령 예를 들어서 설명하자면, 말로는 다 설명할 수 없으리만치 많은 몸을 분신으로 나타내어 저 우주법계와 같고 또 저 허공계와 같이 많은 이들이 백천만억 겁 동안 십행보살의 수행공덕을 일컬어 찬탄한다 하더라도 다 찬탄할 수가 없다. 즉 우주법계의 천지만물과 삼라만상과 산천초목이 모두 동원되어 무수 억만년 동안 십행보살의 수행공덕을 찬탄한다 하더라도 다 찬탄할 수가 없다.

보살공덕무유변　　　　　일체수행개구족
**菩薩功德無有邊**하야　　　**一切修行皆具足**하니

가사무량무변불　　　　　어무량겁설부진
**假使無量無邊佛**이　　　**於無量劫說不盡**이어든

보살들의 공덕은 그지없어서
일체의 수행을 모두 갖추었으니
가령 한량없고 끝이 없는 부처님들이
무량겁에 설명해도 다하지 못하리라.

십행보살의 공덕은 끝이 없다. 왜냐하면 일체 수행이란 수행은 다 갖추어 닦았기 때문이다. 가령 한량없고 끝이 없이 많은 부처님들이 그 뛰어난 능력으로 한량없는 겁 동안 십행보살의 수행 공덕을 설명한다 하더라도 다 설명할 수 없다.

하황세간천급인　　　　　일체성문급연각
**何況世間天及人**과　　　**一切聲聞及緣覺**이

능어무량무변겁　　　　　찬탄칭양득구경
**能於無量無邊劫**에　　　**讚歎稱揚得究竟**가

하물며 이 세상의 천신과 인간들과

일체의 성문이나 모든 연각이
한량없고 그지없는 그러한 겁에
찬탄하고 칭찬한들 다할 수 있으랴.

 한량없고 끝이 없이 많은 부처님들이 그 뛰어난 능력으로 한량없는 겁 동안 십행보살의 수행 공덕을 설명한다 하더라도 다 설명할 수 없는데 어찌 하물며 세간의 천신들이나, 사람들이나, 또는 일체 성문이나 연각들이 한량없는 겁 동안 찬탄하고 일컬어 드날린다 하더라도 다할 수 있겠는가. 그것은 아예 거론할 가치가 없는 것이다.

 십행보살의 공덕이 왜 이와 같이 위대한가. 십행보살의 수행에 대하여 앞에서 여러 가지로 열거하였다. 그중에서 가장 대표적인 사례만을 들자면 십행보살은 부처님과 같은 수행을 하여 부처님의 자격을 획득하였다. 부처님의 자격을 획득하였기 때문에 부처님의 종성種性, 즉 부처님의 대를 잇게 되기 때문이다. 이 점으로 그토록 한량없는 공덕을 얻게 된 것이다.

십행품 끝

〈제20권 끝〉

# 華嚴經 構成表

| 分次 | 周次 | | 內容 | 品數 | 會次 |
|---|---|---|---|---|---|
| 擧果勸樂生信分<br>(信) | 所信因果周 | | 如來依正 | 世主妙嚴品 第一<br>如來現相品 第二<br>普賢三昧品 第三<br>世界成就品 第四<br>華藏世界品 第五<br>毘盧遮那品 第六 | 初會 |
| 修因契果生解分<br>(解) | 差別因果周 | 差別因 | 十信 | 如來名號品 第七<br>四聖諦品 第八<br>光明覺品 第九<br>菩薩問明品 第十<br>淨行品 第十一<br>賢首品 第十二 | 二會 |
| | | | 十住 | 昇須彌山頂品 第十三<br>須彌頂上偈讚品 第十四<br>十住品 第十五<br>梵行品 第十六<br>初發心功德品 第十七<br>明法品 第十八 | 三會 |
| | | | 十行 | 昇夜摩天宮品 第十九<br>夜摩天宮偈讚品 第二十<br>十行品 第二十一<br>十無盡藏品 第二十二 | 四會 |
| | | | 十迴向 | 昇兜率天宮品 第二十三<br>兜率宮中偈讚品 第二十四<br>十迴向品 第二十五 | 五會 |
| | | | 十地 | 十地品 第二十六 | 六會 |
| | | | 等覺 | 十定品 第二十七<br>十通品 第二十八<br>十忍品 第二十九<br>阿僧祇品 第三十<br>如來壽量品 第三十一<br>菩薩住處品 第三十二 | 七會 |
| | | 差別果 | 妙覺 | 佛不思議法品 第三十三<br>如來十身相海品 第三十四<br>如來隨好光明功德品 第三十五 | |
| | 平等因果周 | 平等因 | | 普賢行品 第三十六 | |
| | | 平等果 | | 如來出現品 第三十七 | |
| 託法進修成行分<br>(行) | 成行因果周 | | 二千行門 | 離世間品 第三十八 | 八會 |
| 依人證入成德分<br>(證) | 證入因果周 | | 證果法門 | 入法界品 第三十九 | 九會 |

(資料：文殊經典研究會)

| 會場 | 放光別 | 會主 | 入定別 | 說法別舉 |
|---|---|---|---|---|
| 菩提場 | 遮那放齒光眉間光 | 普賢菩薩為會主 | 入毘盧藏身三昧 | 如來依正法 |
| 普光明殿 | 世尊放兩足輪光 | 文殊菩薩為會主 | 此會不入定．信未入位故 | 十信法 |
| 忉利天宮 | 世尊放兩足指光 | 法慧菩薩為會主 | 入無量方便三昧 | 十住法門 |
| 夜摩天宮 | 如來放兩足趺光 | 功德林菩薩為會主 | 入菩薩善思惟三昧 | 十行法門 |
| 兜率天宮 | 如來放兩膝輪光 | 金剛幢菩薩為會主 | 入菩薩智光三昧 | 十廻向法門 |
| 他化天宮 | 如來放眉間毫相光 | 金剛藏菩薩為會主 | 入菩薩大智慧光明三昧 | 十地法門 |
| 再會普光明殿 | 如來放眉間口光 | 如來為會主 | 入刹那際三昧 | 等妙覺法門 |
| 三會普光明殿 | 此會佛不放光．表行依解法依解光故 | 普賢菩薩為會主 | 入佛華莊嚴三昧 | 二千行門 |
| 祇陀園林 | 放眉間白毫光 | 如來善友為會主 | 入獅子頻申三昧 | 果法門 |

### 如天 無比

1943년 영덕에서 출생하였다. 1958년 출가하여 덕흥사, 불국사, 범어사를 거쳐 1964년 해인사 강원을 졸업하고 동국역경연수원에서 수학하였다. 10여 년 선원생활을 하고 1976년 탄허 스님에게 화엄경을 수학하고 전법, 이후 통도사 강주, 범어사 강주, 은해사 승가대학원장, 대한불교조계종 교육원장, 동국역경원장, 동화사 한문불전승가대학원장 등을 역임하였다. 2018년 5월에는 수행력과 지도력을 갖춘 승랍 40년 이상 되는 스님에게 품서되는 대종사 법계를 받았다. 현재 부산 문수선원 문수경전연구회에서 150여 명의 스님과 300여 명의 재가 신도들에게 화엄경을 강의하고 있다. 또한 다음 카페 '염화실(http://cafe.daum.net/yumhwasil)'을 통해 '모든 사람을 부처님으로 받들어 섬김으로써 이 땅에 평화와 행복을 가져오게 한다.'는 인불사상人佛思想을 펼치고 있다.

저서로 『대방광불화엄경 강설』(전81권), 『무비 스님의 유마경 강설』(전3권), 『대방광불화엄경 실마리』, 『무비 스님의 왕복서 강설』, 『무비 스님이 풀어 쓴 김시습의 법성게 선해』, 『법화경 법문』, 『신금강경 강의』, 『직지 강설』(전2권), 『법화경 강의』(전2권), 『신심명 강의』, 『임제록 강설』, 『대승찬 강설』, 『당신은 부처님』, 『사람이 부처님이다』, 『이것이 간화선이다』, 『무비 스님과 함께하는 불교공부』, 『무비 스님의 증도가 강의』, 『일곱 번의 작별인사』, 무비 스님이 가려 뽑은 명구 100선 시리즈(전4권) 등이 있고 편찬하고 번역한 책으로 『화엄경(한글)』(전10권), 『화엄경(한문)』(전4권), 『금강경 오가해』 등이 있다. 그런 사경집으로 『대방광불화엄경 사경』(전81권), 『금강반야바라밀경 사경』, 『반야바라밀다심경 사경』, 『보현행원품 사경』, 『관세음보살보문품 사경』, 『천수경 사경』, 『묘법연화경 사경』(전7권), 『법화경약찬게 사경』, 『지장경 사경』(전3권) 등 무비 스님의 사경 시리즈가 있다.

# 대방광불화엄경 강설 제20권

| **초판 1쇄 발행_** 2015년 3월 20일
| **초판 3쇄 발행_** 2023년 3월 9일

| **지은이_** 여천 무비(如天 無比)
| **펴낸이_** 오세룡
| **편집_** 박성화 손미숙 여수령 정연주
| **기획_** 최은영 곽은영 최윤정
| **디자인_** 고혜정 김효선 박소영
| **홍보 마케팅_** 정성진
| **펴낸곳_** 담앤북스
    서울특별시 종로구 새문안로3길 23 (내수동) 경희궁의 아침 4단지 805호
    대표전화 02)765-1251 전송 02)764-1251 전자우편 dhamenbooks@naver.com
    출판등록 제300-2011-115호
| ISBN  978-89-98946-49-4  04220

정가 14,000원

ⓒ 무비스님 2015